卞尺丹几乙し丹卞と
Translated Language Learning

Siddhartha

An Indian Poem
Indijska Pjesma

Hermann Hesse

English / Hrvatski

Copyright © 2024 Tranzlaty
All rights reserved
Published by Tranzlaty
Siddhartha – Eine Indische Dichtung
ISBN: 978-1-83566-677-7
Original text by Hermann Hesse
First published in German in 1922
www.tranzlaty.com

The Son of the Brahman
Sin Brahmana

In the shade of the house
U hladovini kuće
in the sunshine of the riverbank
na suncu obale rijeke
near the boats
blizu čamaca
in the shade of the Sal-wood forest
u sjeni šume Sal-wooda
in the shade of the fig tree
u hladu smokve
this is where Siddhartha grew up
ovdje je Siddhartha odrastao
he was the handsome son of a Brahman, the young falcon
bio je zgodan sin Brahmana, mladi sokol
he grew up with his friend Govinda
odrastao je sa svojim prijateljem Govindom
Govinda was also the son of a Brahman
Govinda je također bio sin Brahmana
by the banks of the river the sun tanned his light shoulders
uz obale rijeke sunce mu je opalilo laka ramena
bathing, performing the sacred ablutions, making sacred offerings
kupanje, obavljanje svetog pranja, pravljenje svetih ponuda
In the mango garden, shade poured into his black eyes
U vrtu manga, sjena se ulijevala u njegove crne oči
when playing as a boy, when his mother sang
kad se igrao kao dječak, kad mu je majka pjevala
when the sacred offerings were made
kad su se prinosili sveti darovi
when his father, the scholar, taught him
kada ga je njegov otac, učenjak, poučio
when the wise men talked
kad su mudraci razgovarali

For a long time, Siddhartha had been partaking in the discussions of the wise men
Dugo je vremena Siddhartha sudjelovao u raspravama mudraca
he practiced debating with Govinda
vježbao je raspravljanje s Govindom
he practiced the art of reflection with Govinda
vježbao je umijeće refleksije s Govindom
and he practiced meditation
i bavio se meditacijom
He already knew how to speak the Om silently
Već je znao tiho izgovoriti Om
he knew the word of words
znao je od riječi
he spoke it silently into himself while inhaling
izgovorio ju je tiho u sebi dok je udisao
he spoke it silently out of himself while exhaling
izgovorio je to tiho iz sebe dok je izdisao
he did this with all the concentration of his soul
činio je to sa svom koncentracijom svoje duše
his forehead was surrounded by the glow of the clear-thinking spirit
čelo mu je bilo okruženo sjajem bistroumnog duha
He already knew how to feel Atman in the depths of his being
Već je znao osjetiti Atmana u dubini svoga bića
he could feel the indestructible
mogao je osjetiti neuništivo
he knew what it was to be at one with the universe
znao je što znači biti jedno sa svemirom
Joy leapt in his father's heart
Radost je zaigrala u očevu srcu
because his son was quick to learn
jer je njegov sin brzo učio
he was thirsty for knowledge
bio je žedan znanja

his father could see him growing up to become a great wise man
njegov je otac mogao vidjeti kako raste i postaje veliki mudar čovjek
he could see him becoming a priest
mogao ga je vidjeti kako postaje svećenik
he could see him becoming a prince among the Brahmans
mogao ga je vidjeti kako postaje princ među Brahmanima
Bliss leapt in his mother's breast when she saw him walking
Bliss je poskočila u grudima njegove majke kad ga je vidjela kako hoda
Bliss leapt in her heart when she saw him sit down and get up
Blaženstvo joj je poskočilo u srcu kad ga je vidjela kako sjeda i ustaje
Siddhartha was strong and handsome
Siddhartha je bio snažan i zgodan
he, who was walking on slender legs
on, koji je hodao na vitkim nogama
he greeted her with perfect respect
pozdravio ju je sa savršenim poštovanjem
Love touched the hearts of the Brahmans' young daughters
Ljubav je dirnula srca Brahmanovih mladih kćeri
they were charmed when Siddhartha walked through the lanes of the town
bili su očarani kada je Siddhartha hodao uličicama grada
his luminous forehead, his eyes of a king, his slim hips
njegovo blistavo čelo, njegove kraljeve oči, njegovi vitki bokovi
But most of all he was loved by Govinda
Ali najviše ga je volio Govinda
Govinda, his friend, the son of a Brahman
Govinda, njegov prijatelj, sin Brahmana
He loved Siddhartha's eye and sweet voice
Volio je Siddharthino oko i slatki glas
he loved the way he walked

volio je način na koji hoda
and he loved the perfect decency of his movements
i volio je savršenu pristojnost svojih pokreta
he loved everything Siddhartha did and said
volio je sve što je Siddhartha radio i govorio
but what he loved most was his spirit
ali ono što je najviše volio bio je njegov duh
he loved his transcendent, fiery thoughts
volio je svoje transcendentne, vatrene misli
he loved his ardent will and high calling
volio je svoju gorljivu volju i visoki poziv
Govinda knew he would not become a common Brahman
Govinda je znao da neće postati običan Brahman
no, he would not become a lazy official
ne, ne bi postao lijeni službenik
no, he would not become a greedy merchant
ne, ne bi postao pohlepan trgovac
not a vain, vacuous speaker
nije tašt, prazan govornik
nor a mean, deceitful priest
niti podli, lažljivi svećenik
and he also would not become a decent, stupid sheep
a također ne bi postao pristojna, glupa ovca
a sheep in the herd of the many
ovca u stadu mnogih
and he did not want to become one of those things
a on nije želio postati jedna od tih stvari
he did not want to be one of those tens of thousands of Brahmans
nije želio biti jedan od tih desetaka tisuća Brahmana
He wanted to follow Siddhartha; the beloved, the splendid
Želio je slijediti Siddharthu; voljeni, sjajni
in days to come, when Siddhartha would become a god, he would be there
u danima koji dolaze, kada bi Siddhartha postao bog, on bi bio tamo

when he would join the glorious, he would be there
kad bi se pridružio slavnima, bio bi tu
Govinda wanted to follow him as his friend
Govinda ga je htio slijediti kao svog prijatelja
he was his companion and his servant
bio je njegov drug i njegov sluga
he was his spear-carrier and his shadow
bio je njegov kopljanik i njegova sjena
Siddhartha was loved by everyone
Siddharthu su svi voljeli
He was a source of joy for everybody
Bio je izvor radosti za sve
he was a delight for them all
bio je užitak za sve njih
But he, Siddhartha, was not a source of joy for himself
Ali on, Siddhartha, nije bio izvor radosti za sebe
he found no delight in himself
u sebi nije nalazio slasti
he walked the rosy paths of the fig tree garden
hodao je ružičastim stazama smokvinog vrta
he sat in the bluish shade in the garden of contemplation
sjedio je u plavičastoj sjeni u vrtu razmišljanja
he washed his limbs daily in the bath of repentance
svakodnevno je prao svoje udove u kupelji pokajanja
he made sacrifices in the dim shade of the mango forest
prinosio je žrtve u polumračnoj sjeni šume manga
his gestures were of perfect decency
njegove su geste bile savršene pristojnosti
he was everyone's love and joy
bio je svačija ljubav i radost
but he still lacked all joy in his heart
ali mu je ipak nedostajala sva radost u srcu
Dreams and restless thoughts came into his mind
Snovi i nemirne misli dolazili su mu u glavu
his dreams flowed from the water of the river
njegovi su snovi potekli iz vode rijeke

his dreams sparked from the stars of the night
njegovi su snovi iskrili od zvijezda noći
his dreams melted from the beams of the sun
njegovi su se snovi rastopili od zraka sunca
dreams came to him, and a restlessness of the soul came to him
dolazili su mu snovi i dolazio mu je nemir duše
his soul was fuming from the sacrifices
duša mu je dimila od žrtava
he breathed forth from the verses of the Rig-Veda
dahnuo je iz stihova Rig-Vede
the verses were infused into him, drop by drop
stihovi su se ulijevali u njega, kap po kap
the verses from the teachings of the old Brahmans
stihove iz učenja starih Brahmana
Siddhartha had started to nurse discontent in himself
Siddhartha je u sebi počeo gajiti nezadovoljstvo
he had started to feel doubt about the love of his father
počeo je sumnjati u ljubav svog oca
he doubted the love of his mother
sumnjao je u ljubav svoje majke
and he doubted the love of his friend, Govinda
i sumnjao je u ljubav svog prijatelja, Govinde
he doubted if their love could bring him joy forever and ever
sumnjao je može li mu njihova ljubav donijeti radost zauvijek
their love could not nurse him
njihova ga ljubav nije mogla njegovati
their love could not feed him
njihova ga ljubav nije mogla nahraniti
their love could not satisfy him
njihova ga ljubav nije mogla zadovoljiti
he had started to suspect his father's teachings
počeo je sumnjati u očevo učenje
perhaps he had shown him everything he knew
možda mu je pokazao sve što je znao

there were his other teachers, the wise Brahmans
tu su bili njegovi drugi učitelji, mudri Brahmani
perhaps they had already revealed to him the best of their wisdom
možda su mu već otkrili najbolju svoju mudrost
he feared that they had already filled his expecting vessel
bojao se da su već napunili njegovu posudu za iščekivanje
despite the richness of their teachings, the vessel was not full
unatoč bogatstvu njihovih učenja, posuda nije bila puna
the spirit was not content
duh nije bio zadovoljan
the soul was not calm
duša nije bila mirna
the heart was not satisfied
srce nije bilo zadovoljno
the ablutions were good, but they were water
abdesti su bili dobri, ali bili su voda
the ablutions did not wash off the sin
abdest nije oprao grijeh
they did not heal the spirit's thirst
nisu liječili žeđ duha
they did not relieve the fear in his heart
nisu oslobodili straha u njegovu srcu
The sacrifices and the invocation of the gods were excellent
Žrtve i zazivanje bogova bili su izvrsni
but was that all there was?
ali je li to bilo sve?
did the sacrifices give a happy fortune?
jesu li žrtve dale sretnu sreću?
and what about the gods?
a što je s bogovima?
Was it really Prajapati who had created the world?
Je li doista Prajapati bio taj koji je stvorio svijet?
Was it not the Atman who had created the world?
Nije li Atman bio taj koji je stvorio svijet?

Atman, the only one, the singular one
Atman, jedini, jedinstveni
Were the gods not creations?
Zar bogovi nisu bili kreacije?
were they not created like me and you?
nisu li stvoreni kao ja i ti?
were the Gods not subject to time?
nisu li bogovi bili podložni vremenu?
were the Gods mortal? Was it good?
jesu li bogovi bili smrtni? Je li bilo dobro?
was it right? was it meaningful?
je li bilo ispravno? je li imalo smisla?
was it the highest occupation to make offerings to the gods?
je li bilo najviše zanimanje prinositi žrtve bogovima?
For whom else were offerings to be made?
Za koga je drugog trebalo prinositi ponude?
who else was to be worshipped?
koga drugog treba štovati?
who else was there, but Him?
tko je još bio tamo osim Njega?
The only one, the Atman
Jedini, Atman
And where was Atman to be found?
A gdje se nalazio Atman?
where did He reside?
gdje je boravio?
where did His eternal heart beat?
gdje je kucalo Njegovo vječno srce?
where else but in one's own self?
gdje drugdje nego u sebi?
in its innermost indestructible part
u svom najnutarnjem neuništivom dijelu
could he be that which everyone had in himself?
je li on mogao biti ono što je svatko imao u sebi?
But where was this self?
Ali gdje je bilo ovo ja?

where was this innermost part?
gdje je bio ovaj najdublji dio?
where was this ultimate part?
gdje je bio ovaj krajnji dio?
It was not flesh and bone
Nije to bilo meso i kost
it was neither thought nor consciousness
nije bila ni misao ni svijest
this is what the wisest ones taught
to su učili oni najmudriji
So where was it?
Pa gdje je to bilo?
the self, myself, the Atman
sebe, sebe, Atmana
To reach this place, there was another way
Da bi se došlo do ovog mjesta, postojao je drugi put
was this other way worth looking for?
je li ovaj drugi način vrijedilo tražiti?
Alas, nobody showed him this way
Jao, nitko mu nije pokazao ovaj put
nobody knew this other way
nitko nije znao ovaj drugi način
his father did not know it
njegov otac to nije znao
and the teachers and wise men did not know it
a učitelji i mudraci to nisu znali
They knew everything, the Brahmans
Oni su sve znali, Brahmani
and their holy books knew everything
a njihove svete knjige znale su sve
they had taken care of everything
pobrinuli su se za sve
they took care of the creation of the world
pobrinuli su se za stvaranje svijeta
they described origin of speech, food, inhaling, exhaling
opisivali su nastanak govora, hranu, udisaj, izdisaj

they described the arrangement of the senses
opisali su raspored osjetila
they described the acts of the gods
opisivali su djela bogova
their books knew infinitely much
njihove su knjige znale beskrajno mnogo
but was it valuable to know all of this?
ali je li bilo vrijedno znati sve ovo?
was there not only one thing to be known?
zar nije postojala samo jedna stvar koju treba znati?
was there still not the most important thing to know?
nije li još uvijek najvažnije znati?
many verses of the holy books spoke of this innermost, ultimate thing
mnogi stihovi svetih knjiga govorili su o ovoj najskrivenijoj, krajnjoj stvari
it was spoken of particularly in the Upanishades of Samaveda
o tome se posebno govorilo u upanišadama Samavede
they were wonderful verses
bili su to divni stihovi
"Your soul is the whole world", this was written there
"Tvoja duša je cijeli svijet", pisalo je tamo
and it was written that man in deep sleep would meet with his innermost part
i bilo je zapisano da će se čovjek u dubokom snu susresti sa svojim najdubljim dijelom
and he would reside in the Atman
i on bi boravio u Atmanu
Marvellous wisdom was in these verses
Čudesna je mudrost bila u ovim stihovima
all knowledge of the wisest ones had been collected here in magic words
svo znanje onih najmudrijih bilo je ovdje sakupljeno u čarobnim riječima
it was as pure as honey collected by bees

bila je čista poput meda koji sakupljaju pčele
No, the verses were not to be looked down upon
Ne, na stihove se nije smjelo gledati poprijeko
they contained tremendous amounts of enlightenment
sadržavale su ogromne količine prosvjetljenja
they contained wisdom which lay collected and preserved
sadržavale su mudrost koja je ležala prikupljena i sačuvana
wisdom collected by innumerable generations of wise Brahmans
mudrost koju su sakupile nebrojene generacije mudrih brahmana
But where were the Brahmans?
Ali gdje su bili Brahmani?
where were the priests?
gdje su bili svećenici?
where the wise men or penitents?
gdje su mudraci ili pokajnici?
where were those that had succeeded?
gdje su bili oni koji su uspjeli?
where were those who knew more than deepest of all knowledge?
gdje su bili oni koji su znali više od najdubljeg od svih znanja?
where were those that also lived out the enlightened wisdom?
gdje su bili oni koji su također živjeli prosvijetljenu mudrost?
Where was the knowledgeable one who brought Atman out of his sleep?
Gdje je bio onaj upućeni koji je probudio Atmana iz njegova sna?
who had brought this knowledge into the day?
tko je donio ovo znanje u dan?
who had taken this knowledge into their life?
tko je to znanje uzeo u svoj život?
who carried this knowledge with every step they took?
koji su to znanje nosili sa svakim korakom?
who had married their words with their deeds?

koji su svoje riječi vjenčali sa svojim djelima?
Siddhartha knew many venerable Brahmans
Siddhartha je poznavao mnoge časne brahmane
his father, the pure one
njegov otac, onaj čisti
the scholar, the most venerable one
učenjak, najčasniji
His father was worthy of admiration
Njegov je otac bio vrijedan divljenja
quiet and noble were his manners
tihi i plemeniti bili su njegovi maniri
pure was his life, wise were his words
čist je bio njegov život, mudre su bile njegove riječi
delicate and noble thoughts lived behind his brow
delikatne i plemenite misli živjele su mu iza čela
but even though he knew so much, did he live in blissfulness?
ali iako je toliko znao, je li živio u blaženstvu?
despite all his knowledge, did he have peace?
usprkos svom znanju, je li imao mira?
was he not also just a searching man?
nije li i on samo čovjek koji traga?
was he still not a thirsty man?
zar još uvijek nije bio žedan čovjek?
Did he not have to drink from holy sources again and again?
Nije li uvijek iznova morao piti sa svetih izvora?
did he not drink from the offerings?
zar nije pio od prinosa?
did he not drink from the books?
zar nije pio iz knjiga?
did he not drink from the disputes of the Brahmans?
zar nije pio iz sporova brahmana?
Why did he have to wash off sins every day?
Zašto je svaki dan morao prati grijehe?
must he strive for a cleansing every day?
mora li težiti čišćenju svaki dan?

over and over again, every day
iznova i iznova, svaki dan
Was Atman not in him?
Nije li Atman bio u njemu?
did not the pristine source spring from his heart?
nije li iskonski izvor izvirao iz njegova srca?
the pristine source had to be found in one's own self
iskonski izvor morao se pronaći u samom sebi
the pristine source had to be possessed!
trebalo je posjedovati iskonski izvor!
doing anything else else was searching
raditi bilo što drugo bilo je traženje
taking any other pass is a detour
uzeti bilo koji drugi prolaz je obilazni put
going any other way leads to getting lost
odlazak bilo kojim drugim putem dovodi do gubitka
These were Siddhartha's thoughts
Ovo su bile Siddharthine misli
this was his thirst, and this was his suffering
ovo je bila njegova žeđ i ovo je bila njegova patnja
Often he spoke to himself from a Chandogya-Upanishad:
Često je sam sebi govorio iz Chandogya-Upanishad:
"Truly, the name of the Brahman is Satyam"
"Uistinu, ime Brahmana je Satyam"
"he who knows such a thing, will enter the heavenly world every day"
"tko tako nešto zna, ulazit će svaki dan u nebeski svijet"
Often the heavenly world seemed near
Često se činilo da je nebeski svijet blizu
but he had never reached the heavenly world completely
ali nikada nije u potpunosti dosegao nebeski svijet
he had never quenched the ultimate thirst
nikad nije utažio krajnju žeđ
And among all the wise and wisest men, none had reached it
A među svim mudrim i najmudrijim ljudima nitko ga nije dosegao

he received instructions from them
od njih je dobivao upute
but they hadn't completely reached the heavenly world
ali nisu u potpunosti stigli do nebeskog svijeta
they hadn't completely quenched their thirst
nisu sasvim utažili žeđ
because this thirst is an eternal thirst
jer ova žeđ je vječna žeđ

"Govinda" Siddhartha spoke to his friend
"Govinda" Siddhartha je govorio svom prijatelju
"Govinda, my dear, come with me under the Banyan tree"
"Govinda, dragi moj, pođi sa mnom pod drvo Banyan"
"let's practise meditation"
"vježbajmo meditaciju"
They went to the Banyan tree
Otišli su do stabla Banyan
under the Banyan tree they sat down
pod stablo banyan sjeli su
Siddhartha was right here
Siddhartha je bio upravo ovdje
Govinda was twenty paces away
Govinda je bio udaljen dvadeset koraka
Siddhartha seated himself and he repeated murmuring the verse
Siddhartha je sjeo i ponovio mrmljajući stih
Om is the bow, the arrow is the soul
Om je luk, strijela je duša
The Brahman is the arrow's target
Brahman je meta strijele
the target that one should incessantly hit
meta koju treba neprestano gađati
the usual time of the exercise in meditation had passed
prošlo je uobičajeno vrijeme vježbe meditacije
Govinda got up, the evening had come
Govinda je ustao, došla je večer

it was time to perform the evening's ablution
došlo je vrijeme za uzimanje večernjeg abdesta
He called Siddhartha's name, but Siddhartha did not answer
Zazvao je Siddhartha po imenu, ali Siddhartha nije odgovorio
Siddhartha sat there, lost in thought
Siddhartha je sjedio tamo, izgubljen u mislima
his eyes were rigidly focused towards a very distant target
oči su mu bile ukočeno usmjerene prema vrlo udaljenoj meti
the tip of his tongue was protruding a little between the teeth
vršak jezika mu je malo virio između zuba
he seemed not to breathe
činilo se da ne diše
Thus sat he, wrapped up in contemplation
Tako je sjedio, umotan u kontemplaciju
he was deep in thought of the Om
bio je duboko zadubljen u Om
his soul sent after the Brahman like an arrow
njegova duša poslana za Brahmanom poput strijele
Once, Samanas had travelled through Siddhartha's town
Jednom je Samanas putovao kroz Siddharthin grad
they were ascetics on a pilgrimage
bili su askete na hodočašću
three skinny, withered men, neither old nor young
tri mršava, suha čovjeka, ni stara ni mlada
dusty and bloody were their shoulders
prašnjava i krvava bila su im ramena
almost naked, scorched by the sun, surrounded by loneliness
gotovo goli, spržerni suncem, okruženi samoćom
strangers and enemies to the world
stranci i neprijatelji svijetu
strangers and jackals in the realm of humans
stranci i šakali u carstvu ljudi
Behind them blew a hot scent of quiet passion
Iza njih je puhao vreli miris tihe strasti

a scent of destructive service
miris destruktivne službe
a scent of merciless self-denial
miris nemilosrdnog samoodricanja
the evening had come
došla je večer
after the hour of contemplation, Siddhartha spoke to Govinda
nakon sata razmišljanja, Siddhartha je razgovarao s Govindom
"Early tomorrow morning, my friend, Siddhartha will go to the Samanas"
"Sutra rano ujutro, moj prijatelju, Siddhartha će otići do Samanasa"
"He will become a Samana"
"Postat će Samana"
Govinda turned pale when he heard these words
Govinda je problijedio kad je čuo te riječi
and he read the decision in the motionless face of his friend
a odluku je pročitao na nepomičnom licu svog prijatelja
the determination was unstoppable, like the arrow shot from the bow
odlučnost je bila nezaustavljiva, poput strijele odapete iz luka
Govinda realized at first glance; now it is beginning
Govinda je na prvi pogled shvatio; sad pocinje
now Siddhartha is taking his own way
sada Siddhartha ide svojim putem
now his fate is beginning to sprout
sada njegova sudbina počinje klijati
and because of Siddhartha, Govinda's fate is sprouting too
a zbog Siddharthe niče i Govindina sudbina
he turned pale like a dry banana-skin
problijedio je poput suhe kore banane
"Oh Siddhartha," he exclaimed
"Oh Siddhartha", uzviknuo je
"will your father permit you to do that?"
"hoće li ti tvoj otac to dopustiti?"

Siddhartha looked over as if he was just waking up
Siddhartha je pogledao kao da se upravo budi
like an Arrow he read Govinda's soul
poput Strijele čitao je Govindinu dušu
he could read the fear and the submission in him
mogao je u njemu pročitati strah i pokornost
"Oh Govinda," he spoke quietly, "let's not waste words"
"O Govinda," rekao je tiho, "nemojmo trošiti riječi"
"Tomorrow at daybreak I will begin the life of the Samanas"
"Sutra u zoru započet ću život Samana"
"let us speak no more of it"
"ne pričajmo više o tome"

Siddhartha entered the chamber where his father was sitting
Siddhartha je ušao u sobu u kojoj je sjedio njegov otac
his father was was on a mat of bast
njegov je otac bio na prostirci od liplja
Siddhartha stepped behind his father
Siddhartha je zakoračio iza oca
and he remained standing behind him
a on je ostao stajati iza njega
he stood until his father felt that someone was standing behind him
stajao je dok otac nije osjetio da netko stoji iza njega
Spoke the Brahman: "Is that you, Siddhartha?"
Progovori Brahman: "Jesi li to ti, Siddhartha?"
"Then say what you came to say"
"Onda reci ono što si došao reći"
Spoke Siddhartha: "With your permission, my father"
Govorio je Siddhartha: "Uz tvoje dopuštenje, oče moj"
"I came to tell you that it is my longing to leave your house tomorrow"
"Došao sam ti reći da žudim sutra napustiti tvoju kuću"
"I wish to go to the ascetics"
"Želim ići u askete"
"My desire is to become a Samana"

"Želja mi je postati Samana"
"May my father not oppose this"
"Neka se moj otac ne protivi tome"
The Brahman fell silent, and he remained so for long
Brahman je utihnuo i tako je ostao dugo
the stars in the small window wandered
zvijezde u prozorčiću lutale
and they changed their relative positions
i promijenili su svoje relativne položaje
Silent and motionless stood the son with his arms folded
Nijem i nepomičan stajao je sin prekriženih ruku
silent and motionless sat the father on the mat
šuteći i nepomično sjedio je otac na strunjači
and the stars traced their paths in the sky
a zvijezde su na nebu ocrtale svoje staze
Then spoke the father
Zatim je progovorio otac
"it is not proper for a Brahman to speak harsh and angry words"
"nije prikladno da brahman govori oštre i ljute riječi"
"But indignation is in my heart"
"Ali ogorčenje je u mom srcu"
"I wish not to hear this request for a second time"
"Ne želim čuti ovaj zahtjev po drugi put"
Slowly, the Brahman rose
Brahman se polako dizao
Siddhartha stood silently, his arms folded
Siddhartha je šutke stajao, prekriženih ruku
"What are you waiting for?" asked the father
"Što čekaš?" upita otac
Spoke Siddhartha, "You know what I'm waiting for"
Govorio je Siddhartha, "Znaš što čekam"
Indignant, the father left the chamber
Ogorčen, otac je napustio odaju
indignant, he went to his bed and lay down
ogorčen, otišao je do svog kreveta i legao

an hour passed, but no sleep had come over his eyes
prošao je sat vremena, ali mu san nije došao na oči
the Brahman stood up and he paced to and fro
Brahman je ustao i koračao tamo-amo
and he left the house in the night
a noću je otišao iz kuće
Through the small window of the chamber he looked back inside
Kroz mali prozor odaje pogledao je unutra
and there he saw Siddhartha standing
i ondje ugleda Siddharthu kako stoji
his arms were folded and he had not moved from his spot
ruke su mu bile prekrižene i nije se pomaknuo s mjesta
Pale shimmered his bright robe
Blijed je svjetlucao svojim svijetlim ogrtačem
With anxiety in his heart, the father returned to his bed
S tjeskobom u srcu, otac se vratio u svoj krevet
another sleepless hour passed
prošao je još jedan besani sat
since no sleep had come over his eyes, the Brahman stood up again
budući da mu san nije došao na oči, Brahman je ponovno ustao
he paced to and fro, and he walked out of the house
hodao je tamo-amo i izašao iz kuće
and he saw that the moon had risen
i vidio je da je mjesec izašao
Through the window of the chamber he looked back inside
Kroz prozor odaje pogledao je natrag unutra
there stood Siddhartha, unmoved from his spot
tamo je stajao Siddhartha, nepomičan sa svog mjesta
his arms were folded, as they had been
ruke su mu bile prekrižene, kao i prije
moonlight was reflecting from his bare shins
mjesečina mu se odbijala od golih potkoljenica
With worry in his heart, the father went back to bed

S brigom u srcu, otac se vratio u krevet
he came back after an hour
vratio se nakon sat vremena
and he came back again after two hours
a vratio se opet nakon dva sata
he looked through the small window
pogledao je kroz prozorčić
he saw Siddhartha standing in the moon light
vidio je Siddharthu kako stoji na mjesečini
he stood by the light of the stars in the darkness
stajao je uz svjetlost zvijezda u tami
And he came back hour after hour
I vraćao se iz sata u sat
silently, he looked into the chamber
tiho je pogledao u odaju
he saw him standing in the same place
vidio ga je kako stoji na istom mjestu
it filled his heart with anger
ispunilo mu je srce gnjevom
it filled his heart with unrest
ispunjavalo mu je srce nemirom
it filled his heart with anguish
ispunilo mu je srce tjeskobom
it filled his heart with sadness
ispunilo mu je srce tugom
the night's last hour had come
došao je posljednji sat noći
his father returned and stepped into the room
njegov se otac vratio i zakoračio u sobu
he saw the young man standing there
vidio je mladića kako stoji
he seemed tall and like a stranger to him
činio mu se visok i kao stranac
"Siddhartha," he spoke, "what are you waiting for?"
"Siddhartha," rekao je, "što čekaš?"
"You know what I'm waiting for"

"Znaš što čekam"
"Will you always stand that way and wait?
„Hoćeš li uvijek tako stajati i čekati?
"I will always stand and wait"
"Uvijek ću stajati i čekati"
"will you wait until it becomes morning, noon, and evening?"
"hoćeš li pričekati dok ne postane jutro, podne i večer?"
"I will wait until it become morning, noon, and evening"
"Čekat ću dok ne postane jutro, podne i večer"
"You will become tired, Siddhartha"
"Umorit ćeš se, Siddhartha"
"I will become tired"
"Postat ću umoran"
"You will fall asleep, Siddhartha"
"Zaspat ćeš, Siddhartha"
"I will not fall asleep"
"Neću zaspati"
"You will die, Siddhartha"
"Umrijet ćeš, Siddhartha"
"I will die," answered Siddhartha
"Umrijet ću", odgovori Siddhartha
"And would you rather die, than obey your father?"
"A bi li radije umro, nego poslušao svog oca?"
"Siddhartha has always obeyed his father"
"Siddhartha je uvijek slušao svog oca"
"So will you abandon your plan?"
"Dakle, hoćete li odustati od svog plana?"
"Siddhartha will do what his father will tell him to do"
"Siddhartha će učiniti ono što mu otac kaže"
The first light of day shone into the room
Prvo svjetlo dana obasjalo je sobu
The Brahman saw that Siddhartha knees were softly trembling
Brahman je vidio da Siddharthina koljena tiho drhte
In Siddhartha's face he saw no trembling

Na Siddharthinu licu nije vidio drhtanje
his eyes were fixed on a distant spot
oči su mu bile uprte u daleku točku
This was when his father realized
Tada je njegov otac shvatio
even now Siddhartha no longer dwelt with him in his home
čak ni sada Siddhartha više nije stanovao s njim u njegovom domu
he saw that he had already left him
vidio je da ga je već napustio
The Father touched Siddhartha's shoulder
Otac je dotaknuo Siddharthino rame
"You will," he spoke, "go into the forest and be a Samana"
"Ti ćeš", rekao je, "ići u šumu i biti Samana"
"When you find blissfulness in the forest, come back"
"Kad nađeš blaženstvo u šumi, vrati se"
"come back and teach me to be blissful"
"vrati se i nauči me da budem blažen"
"If you find disappointment, then return"
"Ako nađete razočarenje, vratite se"
"return and let us make offerings to the gods together, again"
"vrati se i opet zajedno prinosimo žrtve bogovima"
"Go now and kiss your mother"
"Idi sada i poljubi svoju majku"
"tell her where you are going"
"reci joj kamo ideš"
"But for me it is time to go to the river"
"Ali za mene je vrijeme da odem do rijeke"
"it is my time to perform the first ablution"
"moje je vrijeme da uzmem prvi abdest"
He took his hand from the shoulder of his son, and went outside
Skinuo je ruku s ramena svoga sina i izašao van
Siddhartha wavered to the side as he tried to walk
Siddhartha se pomaknuo u stranu dok je pokušavao hodati
He put his limbs back under control and bowed to his father

Ponovno je stavio svoje udove pod kontrolu i naklonio se ocu
he went to his mother to do as his father had said
otišao je svojoj majci da učini kako mu je otac rekao
As he slowly left on stiff legs a shadow rose near the last hut
Dok je polako odlazio na ukočenim nogama, u blizini posljednje kolibe digla se sjena
who had crouched there, and joined the pilgrim?
tko je tu čučao i pridružio se hodočasniku?
"Govinda, you have come" said Siddhartha and smiled
"Govinda, došao si", rekao je Siddhartha i nasmiješio se
"I have come," said Govinda
"Došao sam", reče Govinda

With the Samanas
Sa Samanima

In the evening of this day they caught up with the ascetics
Uvečer toga dana sustigli su askete
the ascetics; the skinny Samanas
askete; mršave Samane
they offered them their companionship and obedience
ponudili su im svoje društvo i pokornost
Their companionship and obedience were accepted
Njihovo druženje i poslušnost bili su prihvaćeni
Siddhartha gave his garments to a poor Brahman in the street
Siddhartha je dao svoju odjeću siromašnom Brahmanu na ulici
He wore nothing more than a loincloth and earth-coloured, unsown cloak
Nije nosio ništa više od ogrlice i zemljanog, neposijanog ogrtača
He ate only once a day, and never anything cooked
Jeo je samo jednom dnevno, i nikad ništa kuhano
He fasted for fifteen days, he fasted for twenty-eight days
Postio je petnaest dana, postio je dvadeset i osam dana
The flesh waned from his thighs and cheeks
Meso mu je nestalo s bedara i obraza
Feverish dreams flickered from his enlarged eyes
Iz njegovih povećanih očiju treperili su grozničavi snovi
long nails grew slowly on his parched fingers
dugi nokti polako su rasli na njegovim isušenim prstima
and a dry, shaggy beard grew on his chin
a na bradi mu je rasla suha čupava brada
His glance turned to ice when he encountered women
Pogled mu se pretvorio u led kad je naišao na žene
he walked through a city of nicely dressed people
šetao je gradom lijepo odjevenih ljudi
his mouth twitched with contempt for them
usta su mu se grčila od prezira prema njima

He saw merchants trading and princes hunting
Vidio je trgovce kako trguju i prinčeve u lovu
he saw mourners wailing for their dead
vidio je ožalošćene kako nariču za svojim mrtvima
and he saw whores offering themselves
i vidio je kurve kako se nude
physicians trying to help the sick
liječnici koji pokušavaju pomoći bolesnicima
priests determining the most suitable day for seeding
svećenici određujući najprikladniji dan za sjetvu
lovers loving and mothers nursing their children
ljubavnici ljubeći i majke koje doje svoju djecu
and all of this was not worthy of one look from his eyes
a sve to nije bilo vrijedno jednog pogleda iz njegovih očiju
it all lied, it all stank, it all stank of lies
sve je lagalo, sve je smrdjelo, sve je smrdjelo na laži
it all pretended to be meaningful and joyful and beautiful
sve se pretvaralo da je smisleno i radosno i lijepo
and it all was just concealed putrefaction
a sve je to bilo samo prikriveno truljenje
the world tasted bitter; life was torture
svijet je bio gorak; život je bio mučenje

A single goal stood before Siddhartha
Pred Siddharthom je stajao jedan jedini cilj
his goal was to become empty
cilj mu je bio postati prazan
his goal was to be empty of thirst
cilj mu je bio osloboditi se žeđi
empty of wishing and empty of dreams
prazan od želja i prazan od snova
empty of joy and sorrow
prazan od radosti i tuge
his goal was to be dead to himself
cilj mu je bio biti mrtav za sebe
his goal was not to be a self any more

njegov cilj nije bio više biti ja
his goal was to find tranquillity with an emptied heart
cilj mu je bio pronaći spokoj s ispražnjenim srcem
his goal was to be open to miracles in unselfish thoughts
cilj mu je bio biti otvoren za čuda u nesebičnim mislima
to achieve this was his goal
postići to bio mu je cilj
when all of his self was overcome and had died
kad je sve njegovo ja bilo svladano i umrlo
when every desire and every urge was silent in the heart
kad je u srcu šutjela svaka želja i svaki poriv
then the ultimate part of him had to awake
tada se krajnji dio njega morao probuditi
the innermost of his being, which is no longer his self
ono najdublje od njegova bića, koje više nije njegovo ja
this was the great secret
ovo je bila velika tajna

Silently, Siddhartha exposed himself to the burning rays of the sun
Tiho, Siddhartha se izložio žarkim zrakama sunca
he was glowing with pain and he was glowing with thirst
žario je od boli i žario je od žeđi
and he stood there until he neither felt pain nor thirst
i ondje je stajao sve dok nije osjetio ni bol ni žeđ
Silently, he stood there in the rainy season
Tiho je stajao ondje u kišnoj sezoni
from his hair the water was dripping over freezing shoulders
iz kose mu je voda kapala po smrznutim ramenima
the water was dripping over his freezing hips and legs
voda mu je kapala po smrznutim bokovima i nogama
and the penitent stood there
a pokornik je stajao ondje
he stood there until he could not feel the cold any more
stajao je tamo dok više nije mogao osjećati hladnoću

he stood there until his body was silent
stajao je dok mu tijelo nije utihnulo
he stood there until his body was quiet
stajao je tamo dok mu se tijelo nije utišalo
Silently, he cowered in the thorny bushes
Šutke se sakrio u trnovito grmlje
blood dripped from the burning skin
krv je kapala iz goruće kože
blood dripped from festering wounds
krv je curila iz gnojnih rana
and Siddhartha stayed rigid and motionless
a Siddhartha je ostao ukočen i nepomičan
he stood until no blood flowed any more
stajao je dok krv više nije potekla
he stood until nothing stung any more
stajao je dok ga više ništa nije peckalo
he stood until nothing burned any more
stajao je dok ništa više nije gorjelo
Siddhartha sat upright and learned to breathe sparingly
Siddhartha je sjedio uspravno i naučio štedljivo disati
he learned to get along with few breaths
naučio se slagati s nekoliko udisaja
he learned to stop breathing
naučio je prestati disati
He learned, beginning with the breath, to calm the beating of his heart
Naučio je, počevši od daha, smiriti otkucaje svoga srca
he learned to reduce the beats of his heart
naučio je smanjiti otkucaje svoga srca
he meditated until his heartbeats were only a few
meditirao je dok mu srce nije bilo samo nekoliko otkucaja
and then his heartbeats were almost none
a tada mu otkucaja srca više nije bilo
Instructed by the oldest of the Samanas, Siddhartha practised self-denial

Podučen od najstarijeg Samana, Siddhartha je prakticirao samoodricanje
he practised meditation, according to the new Samana rules
prakticirao je meditaciju, prema novim Samana pravilima
A heron flew over the bamboo forest
Čaplja je letjela iznad bambusove šume
Siddhartha accepted the heron into his soul
Siddhartha je prihvatio čaplju u svoju dušu
he flew over forest and mountains
letio je preko šuma i planina
he was a heron, he ate fish
bio je čaplja, jeo je ribu
he felt the pangs of a heron's hunger
osjetio je muke čaplje gladi
he spoke the heron's croak
govorio je čapljim kreketom
he died a heron's death
umro je čapljom smrću
A dead jackal was lying on the sandy bank
Na pješčanoj obali ležao je mrtav šakal
Siddhartha's soul slipped inside the body of the dead jackal
Siddharthina duša skliznula je u tijelo mrtvog šakala
he was the dead jackal laying on the banks and bloated
bio je mrtvi šakal koji je ležao na obalama i napuhan
he stank and decayed and was dismembered by hyenas
smrdio je i raspadao se i raskomadale su ga hijene
he was skinned by vultures and turned into a skeleton
oderali su ga lešinari i pretvorili ga u kostur
he was turned to dust and blown across the fields
pretvorio se u prah i raznio po poljima
And Siddhartha's soul returned
I vratila se Siddharthina duša
it had died, decayed, and was scattered as dust
umrlo je, istrunulo i rasulo se kao prah
it had tasted the gloomy intoxication of the cycle
okusilo je sumornu opijenost ciklusa

it awaited with a new thirst, like a hunter in the gap
čekalo je s novom žeđu, poput lovca u procjepu
in the gap where he could escape from the cycle
u procjepu gdje je mogao pobjeći iz ciklusa
in the gap where an eternity without suffering began
u procijepu gdje je započela vječnost bez patnje
he killed his senses and his memory
ubio je svoja osjetila i svoje pamćenje
he slipped out of his self into thousands of other forms
iskliznuo je iz sebe u tisuće drugih oblika
he was an animal, a carrion, a stone
bio je životinja, strvina, kamen
he was wood and water
bio je drvo i voda
and he awoke every time to find his old self again
i svaki put se budio kako bi ponovno pronašao starog sebe
whether sun or moon, he was his self again
bilo sunce ili mjesec, opet je bio svoj
he turned round in the cycle
okrenuo se u ciklusu
he felt thirst, overcame the thirst, felt new thirst
osjetio je žeđ, svladao je žeđ, osjetio novu žeđ

Siddhartha learned a lot when he was with the Samanas
Siddhartha je mnogo naučio dok je bio sa Samanasima
he learned many ways leading away from the self
naučio je mnoge načine koji vode od sebe
he learned how to let go
naučio je kako pustiti
He went the way of self-denial by means of pain
Išao je putem samoodricanja pomoću boli
he learned self-denial through voluntarily suffering and overcoming pain
naučio je samoodricanje kroz dobrovoljno trpljenje i svladavanje boli
he overcame hunger, thirst, and tiredness

pobijedio je glad, žeđ i umor
He went the way of self-denial by means of meditation
Išao je putem samoodricanja pomoću meditacije
he went the way of self-denial through imagining the mind to be void of all conceptions
išao je putem samoodricanja kroz zamišljanje da je um lišen svih koncepcija
with these and other ways he learned to let go
ovim i drugim načinima naučio je pustiti
a thousand times he left his self
tisuću je puta napustio svoje ja
for hours and days he remained in the non-self
satima i danima ostajao je u ne-sebi
all these ways led away from the self
svi ti putovi vodili su od sebe
but their path always led back to the self
ali njihov je put uvijek vodio natrag do sebe
Siddhartha fled from the self a thousand times
Siddhartha je bježao od sebe tisuću puta
but the return to the self was inevitable
ali povratak sebi bio je neizbježan
although he stayed in nothingness, coming back was inevitable
iako je ostao u ništavilu, povratak je bio neizbježan
although he stayed in animals and stones, coming back was inevitable
iako je ostao u životinjama i kamenju, povratak je bio neizbježan
he found himself in the sunshine or in the moonlight again
opet se našao na suncu ili na mjesečini
he found himself in the shade or in the rain again
opet se našao u hladu ili na kiši
and he was once again his self; Siddhartha
i ponovno je bio svoj; Siddhartha
and again he felt the agony of the cycle which had been forced upon him

i opet je osjetio agoniju ciklusa koji mu je bio nametnut

by his side lived Govinda, his shadow
uz njega je živio Govinda, njegova sjena
Govinda walked the same path and undertook the same efforts
Govinda je hodao istim putem i poduzeo iste napore
they spoke to one another no more than the exercises required
međusobno nisu razgovarali više nego što su vježbe zahtijevale
occasionally the two of them went through the villages
povremeno su njih dvojica išla selima
they went to beg for food for themselves and their teachers
išli su prositi hranu za sebe i svoje učitelje
"How do you think we have progressed, Govinda" he asked
"Što misliš kako smo napredovali, Govinda", upitao je
"Did we reach any goals?" Govinda answered
"Jesmo li postigli neke ciljeve?" odgovorio je Govinda
"We have learned, and we'll continue learning"
"Naučili smo i nastavit ćemo učiti"
"You'll be a great Samana, Siddhartha"
"Bit ćeš izvrstan Samana, Siddhartha"
"Quickly, you've learned every exercise"
"Brzo, naučio si svaku vježbu"
"often, the old Samanas have admired you"
"često su ti se stari Samani divili"
"One day, you'll be a holy man, oh Siddhartha"
"Jednog dana, bit ćeš svet čovjek, o Siddhartha"
Spoke Siddhartha, "I can't help but feel that it is not like this, my friend"
Govorio je Siddhartha: "Ne mogu a da ne osjećam da nije tako, prijatelju moj"
"What I've learned being among the Samanas could have been learned more quickly"

"Ono što sam naučio dok sam bio među Samanasima mogao sam naučiti brže"
"it could have been learned by simpler means"
"moglo se naučiti na jednostavniji način"
"it could have been learned in any tavern"
"to se moglo naučiti u svakoj konobi"
"it could have been learned where the whorehouses are"
"moglo se saznati gdje su javne kuće"
"I could have learned it among carters and gamblers"
"Mogao sam to naučiti među karijerama i kockarima"
Spoke Govinda, "Siddhartha is joking with me"
Govorio je Govinda, "Siddhartha se šali sa mnom"
"How could you have learned meditation among wretched people?"
"Kako si mogao naučiti meditaciju među jadnicima?"
"how could whores have taught you about holding your breath?"
"kako su te kurve mogle naučiti zadržavanju daha?"
"how could gamblers have taught you insensitivity against pain?"
"kako su te kockari mogli naučiti neosjetljivosti protiv boli?"
Siddhartha spoke quietly, as if he was talking to himself
Siddhartha je govorio tiho, kao da razgovara sam sa sobom
"What is meditation?"
"Što je meditacija?"
"What is leaving one's body?"
"Što napušta nečije tijelo?"
"What is fasting?"
"Što je post?"
"What is holding one's breath?"
"Što je zadržavanje daha?"
"It is fleeing from the self"
"To je bijeg od sebe"
"it is a short escape of the agony of being a self"
"to je kratki bijeg od agonije bivanja samim sobom"
"it is a short numbing of the senses against the pain"

"to je kratko otupljivanje osjetila protiv boli"
"it is avoiding the pointlessness of life"
"to je izbjegavanje besmislenosti života"
"The same numbing is what the driver of an ox-cart finds in the inn"
"Istu umrtvljenost zatječe vozač volovske zaprege u gostionici"
"drinking a few bowls of rice-wine or fermented coconut-milk"
"ispijanje nekoliko zdjelica rižinog vina ili fermentiranog kokosovog mlijeka"
"Then he won't feel his self anymore"
"Tada više neće osjećati sebe"
"then he won't feel the pains of life anymore"
"tada više neće osjećati muke života"
"then he finds a short numbing of the senses"
"tada zatekne kratko otupljenje osjetila"
"When he falls asleep over his bowl of rice-wine, he'll find the same what we find"
"Kad zaspi nad svojom zdjelom rižinog vina, naći će isto što i mi."
"he finds what we find when we escape our bodies through long exercises"
"on pronalazi ono što mi nalazimo kada pobjegnemo od svojih tijela kroz duge vježbe"
"all of us are staying in the non-self"
"svi mi ostajemo u ne-sebi"
"This is how it is, oh Govinda"
"Ovako je to, o Govinda"
Spoke Govinda, "You say so, oh friend"
Progovori Govinda, "Ti tako kažeš, o prijatelju"
"and yet you know that Siddhartha is no driver of an ox-cart"
"a ipak znaš da Siddhartha nije vozač volovskih kola"
"and you know a Samana is no drunkard"
"i znaš da Samana nije pijanica"
"it's true that a drinker numbs his senses"
"istina je da onaj ko pije otupljuje svoja čula"

"it's true that he briefly escapes and rests"
"istina je da nakratko pobjegne i odmori se"
"but he'll return from the delusion and finds everything to be unchanged"
"ali on će se vratiti iz zablude i naći će sve nepromijenjeno"
"he has not become wiser"
"nije postao mudriji"
"he has gathered any enlightenment"
"skupio je bilo kakvo prosvjetljenje"
"he has not risen several steps"
"nije se popeo nekoliko stepenica"
And Siddhartha spoke with a smile
A Siddhartha je govorio s osmijehom
"I do not know, I've never been a drunkard"
"Ne znam, nikad nisam bio pijanica"
"I know that I find only a short numbing of the senses"
"Znam da nalazim samo kratko otupljenje osjetila"
"I find it in my exercises and meditations"
"Pronalazim to u svojim vježbama i meditacijama"
"and I find I am just as far removed from wisdom as a child in the mother's womb"
"i nalazim da sam udaljen od mudrosti kao dijete u majčinoj utrobi"
"this I know, oh Govinda"
"ovo znam, o Govinda"

And once again, another time, Siddhartha began to speak
I još jednom, drugi put, Siddhartha je počeo govoriti
Siddhartha had left the forest, together with Govinda
Siddhartha je napustio šumu, zajedno s Govindom
they left to beg for some food in the village
otišli su prositi nešto hrane u selo
he said, "What now, oh Govinda?"
rekao je, "Što sada, o Govinda?"
"are we on the right path?"
"jesmo li na pravom putu?"

"are we getting closer to enlightenment?"
"bližimo li se prosvjetljenju?"
"are we getting closer to salvation?"
"bližimo li se spasenju?"
"Or do we perhaps live in a circle?"
"Ili možda živimo u krugu?"
"we, who have thought we were escaping the cycle"
"mi, koji smo mislili da bježimo iz ciklusa"
Spoke Govinda, "We have learned a lot"
Govorio je Govinda, "Puno smo naučili"
"Siddhartha, there is still much to learn"
"Siddhartha, ima još mnogo toga za naučiti"
"We are not going around in circles"
"Ne vrtimo se u krug"
"we are moving up; the circle is a spiral"
"mi se krećemo gore; krug je spirala"
"we have already ascended many levels"
"već smo se popeli na mnoge razine"
Siddhartha answered, "How old would you think our oldest Samana is?"
Siddhartha je odgovorio: "Što misliš, koliko godina ima naš najstariji Samana?"
"how old is our venerable teacher?"
"Koliko godina ima naš časni učitelj?"
Spoke Govinda, "Our oldest one might be about sixty years of age"
Govorio je Govinda, "Naš najstariji bi mogao imati oko šezdeset godina"
Spoke Siddhartha, "He has lived for sixty years"
Govorio je Siddhartha, "Živio je šezdeset godina"
"and yet he has not reached the nirvana"
"a ipak nije dostigao nirvanu"
"He'll turn seventy and eighty"
"Navršit će sedamdeset i osamdeset"
"you and me, we will grow just as old as him"
"ti i ja, ostarit ćemo kao i on"

"and we will do our exercises"
"a mi ćemo raditi naše vježbe"
"and we will fast, and we will meditate"
"i mi ćemo postiti, i mi ćemo meditirati"
"But we will not reach the nirvana"
"Ali nećemo doći do nirvane"
"he won't reach nirvana and we won't"
"on neće dostići nirvanu, a ni mi nećemo"
"there are uncountable Samanas out there"
"postoji bezbroj Samana vani"
"perhaps not a single one will reach the nirvana"
"možda niti jedan neće dosegnuti nirvanu"
"We find comfort, we find numbness, we learn feats"
"Nalazimo utjehu, nalazimo obamrlost, učimo se podvizima"
"we learn these things to deceive others"
"ove stvari učimo kako bismo prevarili druge"
"But the most important thing, the path of paths, we will not find"
"Ali ono najvažnije, stazu nad stazama, nećemo pronaći"
Spoke Govinda "If you only wouldn't speak such terrible words, Siddhartha!"
Govorio je Govinda "Kad samo ne bi govorio tako strašne riječi, Siddhartha!"
"there are so many learned men"
"ima toliko učenih ljudi"
"how could not one of them not find the path of paths?"
"kako jedan od njih nije mogao pronaći stazu nad stazama?"
"how can so many Brahmans not find it?"
"kako to toliko brahmana ne može pronaći?"
"how can so many austere and venerable Samanas not find it?"
"kako ga toliko strogih i poštovanih Samana ne može pronaći?"
"how can all those who are searching not find it?"
"kako da svi oni koji traže ne nađu?"
"how can the holy men not find it?"

"kako to sveti ljudi ne mogu pronaći?"
But Siddhartha spoke with as much sadness as mockery
Ali Siddhartha je govorio s isto toliko tuge koliko i ruganja
he spoke with a quiet, a slightly sad, a slightly mocking voice
govorio je tihim, pomalo tužnim, pomalo podrugljivim glasom
"Soon, Govinda, your friend will leave the path of the Samanas"
"Uskoro će, Govinda, tvoj prijatelj napustiti stazu Samana"
"he has walked along your side for so long"
"tako je dugo hodao uz tebe"
"I'm suffering of thirst"
"Patim od žeđi"
"on this long path of a Samana, my thirst has remained as strong as ever"
"na ovom dugom putu Samane, moja je žeđ ostala jaka kao i uvijek"
"I always thirsted for knowledge"
"Uvijek sam žudio za znanjem"
"I have always been full of questions"
"Uvijek sam bio pun pitanja"
"I have asked the Brahmans, year after year"
"Pitao sam Brahmane, godinu za godinom"
"and I have asked the holy Vedas, year after year"
"i pitao sam svete Vede, godinu za godinom"
"and I have asked the devoted Samanas, year after year"
"i pitao sam odane Samane, godinu za godinom"
"perhaps I could have learned it from the hornbill bird"
"možda sam to mogao naučiti od ptice kljunoroga"
"perhaps I should have asked the chimpanzee"
"možda sam trebao pitati čimpanzu"
"It took me a long time"
"Trebalo mi je dugo"
"and I am not finished learning this yet"
"a ja ovo još nisam završio"

"oh Govinda, I have learned that there is nothing to be learned!"
"oh Govinda, naučio sam da se nema što naučiti!"
"There is indeed no such thing as learning"
"Učenje doista ne postoji"
"There is just one knowledge"
"Postoji samo jedno znanje"
"this knowledge is everywhere, this is Atman"
"ovo znanje je posvuda, ovo je Atman"
"this knowledge is within me and within you"
"ovo znanje je u meni iu tebi"
"and this knowledge is within every creature"
"i ovo znanje je unutar svakog stvorenja"
"this knowledge has no worse enemy than the desire to know it"
"ovo znanje nema goreg neprijatelja od želje da ga spoznate"
"that is what I believe"
"to je ono što ja vjerujem"
At this, Govinda stopped on the path
Na to se Govinda zaustavi na stazi
he rose his hands, and spoke
podigao je ruke i progovorio
"If only you would not bother your friend with this kind of talk"
"Kad samo ne biste gnjavili svog prijatelja ovakvim razgovorom"
"Truly, your words stir up fear in my heart"
"Zaista, tvoje riječi izazivaju strah u mom srcu"
"consider, what would become of the sanctity of prayer?"
"Razmislite, što bi bilo sa svetošću molitve?"
"what would become of the venerability of the Brahmans' caste?"
"što bi bilo s poštovanjem brahmanske kaste?"
"what would happen to the holiness of the Samanas?
"Što bi se dogodilo sa svetošću Samana?
"What would then become of all of that is holy"

"Što bi onda bilo od svega toga je svetinja"
"what would still be precious?"
"što bi još bilo dragocjeno?"
And Govinda mumbled a verse from an Upanishad to himself
I Govinda je promrmljao stih iz Upanišade za sebe
"He who ponderingly, of a purified spirit, loses himself in the meditation of Atman"
"Onaj tko zamišljen, pročišćenog duha, gubi se u meditaciji Atmana"
"inexpressible by words is the blissfulness of his heart"
"riječima je neizrecivo blaženstvo njegova srca"
But Siddhartha remained silent
Ali Siddhartha je šutio
He thought about the words which Govinda had said to him
Razmišljao je o riječima koje mu je Govinda rekao
and he thought the words through to their end
i mislio je riječi do kraja
he thought about what would remain of all that which seemed holy
razmišljao je o tome što će ostati od svega što se činilo svetim
What remains? What can stand the test?
Što ostaje? Što može izdržati test?
And he shook his head
I odmahnuo je glavom

the two young men had lived among the Samanas for about three years
dva su mladića živjela među Samanima oko tri godine
some news, a rumour, a myth reached them
do njih je stigla neka vijest, glasina, mit
the rumour had been retold many times
glasina je bila mnogo puta prepričana
A man had appeared, Gotama by name
Pojavio se čovjek, po imenu Gotama
the exalted one, the Buddha

onaj uzvišeni, Buddha
he had overcome the suffering of the world in himself
u sebi je prevladao patnju svijeta
and he had halted the cycle of rebirths
i on je zaustavio ciklus ponovnih rođenja
He was said to wander through the land, teaching
Rečeno je da je lutao zemljom, podučavajući
he was said to be surrounded by disciples
govorilo se da je okružen učenicima
he was said to be without possession, home, or wife
rečeno je da je bez posjeda, doma ili žene
he was said to be in just the yellow cloak of an ascetic
govorilo se da je samo u žutom ogrtaču askete
but he was with a cheerful brow
ali je bio s veselim čelom
and he was said to be a man of bliss
a za njega se govorilo da je čovjek blaženstva
Brahmans and princes bowed down before him
Pred njim su se klanjali brahmani i prinčevi
and they became his students
i postali su njegovi učenici
This myth, this rumour, this legend resounded
Ovaj mit, ova glasina, ova legenda je odjeknula
its fragrance rose up, here and there, in the towns
njegov se miris dizao, tu i tamo, u gradovima
the Brahmans spoke of this legend
brahmani su govorili o ovoj legendi
and in the forest, the Samanas spoke of it
au šumi su Samane govorile o tome
again and again, the name of Gotama the Buddha reached the ears of the young men
iznova i iznova, ime Gotame Buddhe doprlo je do ušiju mladića
there was good and bad talk of Gotama
govorilo se dobro i loše o Gotami
some praised Gotama, others defamed him

neki su hvalili Gotamu, drugi su ga klevetali
It was as if the plague had broken out in a country
Kao da je u nekoj zemlji izbila kuga
news had been spreading around that in one or another place there was a man
uokolo su se širile vijesti da na jednom ili drugom mjestu postoji čovjek
a wise man, a knowledgeable one
mudar čovjek, znalac
a man whose word and breath was enough to heal everyone
čovjek čija je riječ i dah bili dovoljni da izliječe sve
his presence could heal anyone who had been infected with the pestilence
njegova je prisutnost mogla izliječiti svakoga tko je bio zaražen kugom
such news went through the land, and everyone would talk about it
takve su vijesti prošle zemljom i svi bi pričali o tome
many believed the rumours, many doubted them
mnogi su vjerovali glasinama, mnogi su sumnjali u njih
but many got on their way as soon as possible
ali mnogi su krenuli na put što je prije moguće
they went to seek the wise man, the helper
otišli su tražiti mudraca, pomoćnika
the wise man of the family of Sakya
mudrac iz obitelji Sakya
He possessed, so the believers said, the highest enlightenment
Posjedovao je, kako su vjernici govorili, najviše prosvjetljenje
he remembered his previous lives; he had reached the nirvana
sjetio se svojih prijašnjih života; dostigao je nirvanu
and he never returned into the cycle
i nikada se nije vratio u ciklus
he was never again submerged in the murky river of physical forms

nikada više nije bio uronjen u mutnu rijeku fizičkih oblika
Many wonderful and unbelievable things were reported of him
O njemu se pričalo o mnogim divnim i nevjerojatnim stvarima
he had performed miracles
činio je čuda
he had overcome the devil
on je pobijedio đavla
he had spoken to the gods
razgovarao je s bogovima
But his enemies and disbelievers said Gotama was a vain seducer
Ali njegovi neprijatelji i nevjernici govorili su da je Gotama tašti zavodnik
they said he spent his days in luxury
govorili su da je dane provodio u luksuzu
they said he scorned the offerings
rekli su da je prezirao ponude
they said he was without learning
rekli su da je bez učenja
they said he knew neither meditative exercises nor self-castigation
rekli su da ne poznaje ni meditativne vježbe ni samokaždovanje
The myth of Buddha sounded sweet
Mit o Budi zvučao je slatko
The scent of magic flowed from these reports
Miris magije strujao je iz tih izvještaja
After all, the world was sick, and life was hard to bear
Uostalom, svijet je bio bolestan, a život je bio težak za podnijeti
and behold, here a source of relief seemed to spring forth
i gle, ovdje kao da je izvirao izvor olakšanja
here a messenger seemed to call out
ovdje kao da je dozivao glasnik
comforting, mild, full of noble promises

utješan, blag, pun plemenitih obećanja
Everywhere where the rumour of Buddha was heard, the young men listened up
Posvuda gdje se čula glasina o Budi, mladići su slušali
everywhere in the lands of India they felt a longing
posvuda u zemljama Indije osjećali su čežnju
everywhere where the people searched, they felt hope
posvuda gdje su ljudi tražili, osjećali su nadu
every pilgrim and stranger was welcome when he brought news of him
svaki hodočasnik i stranac bio je dobrodošao kada je donosio vijesti o njemu
the exalted one, the Sakyamuni
onaj uzvišeni, Sakyamuni
The myth had also reached the Samanas in the forest
Mit je također stigao do Samana u šumi
and Siddhartha and Govinda heard the myth too
a Siddhartha i Govinda također su čuli mit
slowly, drop by drop, they heard the myth
polako, kap po kap, čuli su mit
every drop was laden with hope
svaka je kap bila puna nade
every drop was laden with doubt
svaka je kap bila krcata sumnjom
They rarely talked about it
Rijetko su o tome razgovarali
because the oldest one of the Samanas did not like this myth
jer najstarijem od Samana nije se sviđao ovaj mit
he had heard that this alleged Buddha used to be an ascetic
čuo je da je taj navodni Buddha nekoć bio asketa
he heard he had lived in the forest
čuo je da je živio u šumi
but he had turned back to luxury and worldly pleasures
ali se vratio luksuzu i svjetovnim užicima
and he had no high opinion of this Gotama
i nije imao visoko mišljenje o ovom Gotami

"Oh Siddhartha," Govinda spoke one day to his friend
"Oh Siddhartha", rekao je Govinda jednog dana svom prijatelju
"Today, I was in the village"
"Danas sam bio na selu"
"and a Brahman invited me into his house"
"i brahman me pozvao u svoju kuću"
"and in his house, there was the son of a Brahman from Magadha"
"i u njegovoj kući, bio je sin Brahmana iz Magadhe"
"he has seen the Buddha with his own eyes"
"vidio je Budu svojim očima"
"and he has heard him teach"
"i čuo ga je kako uči"
"Verily, this made my chest ache when I breathed"
"Uistinu, od ovoga su me boljele grudi dok sam disao"
"and I thought this to myself:"
"i pomislio sam ovo u sebi:"
"if only we heard the teachings from the mouth of this perfected man!"
"kad bismo samo čuli učenje iz usta ovog savršenog čovjeka!"
"Speak, friend, wouldn't we want to go there too"
"Pričaj, prijatelju, ne bismo li i mi htjeli ići tamo"
"wouldn't it be good to listen to the teachings from the Buddha's mouth?"
"Zar ne bi bilo dobro slušati učenja iz Buddhinih usta?"
Spoke Siddhartha, "I had thought you would stay with the Samanas"
Govorio je Siddhartha, "Mislio sam da ćeš ostati sa Samanasima"
"I always had believed your goal was to live to be seventy"
"Uvijek sam vjerovao da je tvoj cilj doživjeti sedamdesetu"
"I thought you would keep practising those feats and exercises"
"Mislio sam da ćeš nastaviti vježbati te podvige i vježbe"

"and I thought you would become a Samana"
"i mislio sam da ćeš postati Samana"
"But behold, I had not known Govinda well enough"
"Ali gle, nisam dovoljno dobro poznavao Govindu"
"I knew little of his heart"
"Malo sam poznavao njegovo srce"
"So now you want to take a new path"
"Dakle, sada želiš krenuti novim putem"
"and you want to go there where the Buddha spreads his teachings"
"i želite ići tamo gdje Buddha širi svoja učenja"
Spoke Govinda, "You're mocking me"
Progovori Govinda, "Rugaš mi se"
"Mock me if you like, Siddhartha!"
"Rugaj mi se ako želiš, Siddhartha!"
"But have you not also developed a desire to hear these teachings?"
"Ali niste li također razvili želju čuti ta učenja?"
"have you not said you would not walk the path of the Samanas for much longer?"
"zar nisi rekao da nećeš još dugo hodati stazom Samana?"
At this, Siddhartha laughed in his very own manner
Na to se Siddhartha nasmijao na svoj način
the manner in which his voice assumed a touch of sadness
način na koji je njegov glas poprimio dašak tuge
but it still had that touch of mockery
ali je još uvijek imao onaj prizvuk sprdnje
Spoke Siddhartha, "Govinda, you've spoken well"
Siddhartha je rekao: "Govinda, dobro si rekao"
"you've remembered correctly what I said"
"točno si zapamtio što sam rekao"
"If only you remembered the other thing you've heard from me"
"Kad bi se samo sjetio onoga drugog što si čuo od mene"
"I have grown distrustful and tired against teachings and learning"

"Postao sam nepovjerljiv i umoran od podučavanja i učenja"
"my faith in words, which are brought to us by teachers, is small"
"mala je moja vjera u riječi koje nam donose učitelji"
"But let's do it, my dear"
"Ali učinimo to, draga moja"
"I am willing to listen to these teachings"
"Spreman sam slušati ova učenja"
"though in my heart I do not have hope"
"iako u srcu nemam nade"
"I believe that we've already tasted the best fruit of these teachings"
"Vjerujem da smo već okusili najbolje plodove ovih učenja"
Spoke Govinda, "Your willingness delights my heart"
Progovori Govinda, "Tvoja spremnost raduje moje srce"
"But tell me, how should this be possible?"
"Ali reci mi, kako bi ovo moglo biti moguće?"
"How can the Gotama's teachings have already revealed their best fruit to us?"
"Kako su nam Gotamina učenja već otkrila svoj najbolji plod?"
"we have not heard his words yet"
"još nismo čuli njegove riječi"
Spoke Siddhartha, "Let us eat this fruit"
Rekao je Siddhartha, "Hajde da jedemo ovo voće"
"and let us wait for the rest, oh Govinda!"
"i pričekajmo ostatak, o Govinda!"
"But this fruit consists in him calling us away from the Samanas"
"Ali ovaj plod se sastoji u tome što nas on poziva dalje od Samana"
"and we have already received it thanks to the Gotama!"
"i već smo ga primili zahvaljujući Gotami!"
"Whether he has more, let us await with calm hearts"
Ima li još, čekajmo mirna srca"

On this very same day Siddhartha spoke to the oldest Samana
Tog istog dana Siddhartha je razgovarao s najstarijim Samanom
he told him of his decision to leaves the Samanas
rekao mu je svoju odluku da napusti Samane
he informed the oldest one with courtesy and modesty
uljudno i skromno obavijestio je najstarijeg
but the Samana became angry that the two young men wanted to leave him
ali Samana se naljutio što su ga dva mladića htjela ostaviti
and he talked loudly and used crude words
a pričao je glasno i koristio se grubim riječima
Govinda was startled and became embarrassed
Govinda se zaprepastio i postalo mu je neugodno
But Siddhartha put his mouth close to Govinda's ear
Ali Siddhartha je približio usta Govindinom uhu
"Now, I want to show the old man what I've learned from him"
"Sada želim pokazati starcu što sam naučio od njega."
Siddhartha positioned himself closely in front of the Samana
Siddhartha se smjestio blizu Samane
with a concentrated soul, he captured the old man's glance
sabranom dušom zarobi starčev pogled
he deprived him of his power and made him mute
oduzeo mu je vlast i učinio ga nijemim
he took away his free will
oduzeo mu je slobodnu volju
he subdued him under his own will, and commanded him
pokorio ga je pod svoju volju i zapovjedio mu
his eyes became motionless, and his will was paralysed
oči su mu postale nepomične, a volja paralizirana
his arms were hanging down without power
ruke su mu visjele bez snage
he had fallen victim to Siddhartha's spell

bio je žrtva Siddharthine čarolije
Siddhartha's thoughts brought the Samana under their control
Siddharthine misli dovele su Samana pod njihovu kontrolu
he had to carry out what they commanded
morao je izvršiti ono što su mu zapovjedili
And thus, the old man made several bows
I tako je starac napravio nekoliko naklona
he performed gestures of blessing
izvodio je geste blagoslova
he spoke stammeringly a godly wish for a good journey
izgovorio je mucajući božansku želju za sretan put
the young men returned the good wishes with thanks
mladići su na lijepe želje uzvratili zahvalom
they went on their way with salutations
otišli su svojim putem uz pozdrave
On the way, Govinda spoke again
Putem je Govinda ponovno progovorio
"Oh Siddhartha, you have learned more from the Samanas than I knew"
"Oh Siddhartha, od Samana si naučio više nego što sam ja znao"
"It is very hard to cast a spell on an old Samana"
"Vrlo je teško baciti čini na starog Samana"
"Truly, if you had stayed there, you would soon have learned to walk on water"
"Uistinu, da si ostao tamo, brzo bi naučio hodati po vodi"
"I do not seek to walk on water" said Siddhartha
"Ne želim hodati po vodi", rekao je Siddhartha
"Let old Samanas be content with such feats!"
"Neka stari Samani budu zadovoljni takvim podvizima!"

Gotama

In Savathi, every child knew the name of the exalted Buddha
U Savathiju je svako dijete znalo ime uzvišenog Buddhe
every house was prepared for his coming
svaka je kuća bila pripremljena za njegov dolazak
each house filled the alms-dishes of Gotama's disciples
svaka je kuća napunila zdjelice milostinje Gotaminih učenika
Gotama's disciples were the silently begging ones
Gotamini učenici bili su oni koji su tiho molili
Near the town was Gotama's favourite place to stay
U blizini grada bilo je Gotamino omiljeno mjesto za boravak
he stayed in the garden of Jetavana
boravio je u vrtu Jetavana
the rich merchant Anathapindika had given the garden to Gotama
bogati trgovac Anathapindika dao je vrt Gotami
he had given it to him as a gift
dao mu ga je na dar
he was an obedient worshipper of the exalted one
bio je pokorni štovatelj uzvišenog
the two young ascetics had received tales and answers
dva mlada asketa primila su priče i odgovore
all these tales and answers pointed them to Gotama's abode
sve te priče i odgovori upućivali su ih na Gotamino prebivalište
they arrived in the town of Savathi
stigli su u grad Savathi
they went to the very first door of the town
otišli su na prva vrata grada
and they begged for food at the door
a na vratima su molili za hranu
a woman offered them food
žena im je ponudila hranu
and they accepted the food

i oni prihvatiše hranu
Siddhartha asked the woman
upita Siddhartha ženu
"oh charitable one, where does the Buddha dwell?"
"Oh milosrdni, gdje Buddha stanuje?"
"we are two Samanas from the forest"
"mi smo dvije Samane iz šume"
"we have come to see the perfected one"
"došli smo vidjeti savršenu"
"we have come to hear the teachings from his mouth"
"došli smo čuti učenje iz njegovih usta"
Spoke the woman, "you Samanas from the forest"
Rekla je žena, "Vi Samane iz šume"
"you have truly come to the right place"
"stvarno ste došli na pravo mjesto"
"you should know, in Jetavana, there is the garden of Anathapindika"
"Trebao bi znati, u Jetavani, postoji vrt Anathapindika"
"that is where the exalted one dwells"
"tamo stanuje uzvišeni"
"there you pilgrims shall spend the night"
"tamo ćete hodočasnici provesti noć"
"there is enough space for the innumerable, who flock here"
"ima dovoljno mjesta za nebrojene, koji ovdje hrle"
"they too come to hear the teachings from his mouth"
"i oni dolaze čuti učenja iz njegovih usta"
This made Govinda happy, and full of joy
To je učinilo Govindu sretnim i punim radosti
he exclaimed, "we have reached our destination"
uzviknuo je, "stigli smo na odredište"
"our path has come to an end!"
"naš put je došao kraju!"
"But tell us, oh mother of the pilgrims"
"Ali reci nam, o majko hodočasnika"
"do you know him, the Buddha?"
"Poznaješ li ga, Budu?"

"have you seen him with your own eyes?"
"jesi li ga vidio svojim očima?"
Spoke the woman, "Many times I have seen him, the exalted one"
Progovori žena: "Mnogo puta sam ga vidjela, uzvišenog"
"On many days I have seen him"
"Viđao sam ga mnogo dana"
"I have seen him walking through the alleys in silence"
"Vidio sam ga kako šeta uličicama u tišini"
"I have seen him wearing his yellow cloak"
"Vidio sam ga u žutom ogrtaču"
"I have seen him presenting his alms-dish in silence"
"Vidio sam ga kako u tišini daje svoju milostinju"
"I have seen him at the doors of the houses"
"Vidio sam ga na vratima kuća"
"and I have seen him leaving with a filled dish"
"i vidio sam ga kako odlazi s punim tanjurom"
Delightedly, Govinda listened to the woman
Govinda je oduševljeno poslušao ženu
and he wanted to ask and hear much more
a želio je još mnogo toga pitati i čuti
But Siddhartha urged him to walk on
Ali Siddhartha ga je tjerao da nastavi
They thanked the woman and left
Zahvalili su ženi i otišli
they hardly had to ask for directions
jedva da su morali pitati za upute
many pilgrims and monks were on their way to the Jetavana
mnogi hodočasnici i redovnici bili su na putu za Jetavanu
they reached it at night, so there were constant arrivals
stizali su noću, pa je bilo stalnih dolazaka
and those who sought shelter got it
a oni koji su tražili zaklon dobili su ga
The two Samanas were accustomed to life in the forest
Dvije Samane bile su navikle na život u šumi

so without making any noise they quickly found a place to stay
pa su bez ikakve buke brzo našli prenoćište
and they rested there until the morning
i ondje su se odmarali do jutra

At sunrise, they saw with astonishment the size of the crowd
Pri izlasku sunca sa zaprepaštenjem su vidjeli veličinu gomile
a great many number of believers had come
došao je veliki broj vjernika
and a great number of curious people had spent the night here
a veliki broj znatiželjnika je ovdje proveo noć
On all paths of the marvellous garden, monks walked in yellow robes
Svim stazama čudesnog vrta hodali su redovnici u žutim haljinama
under the trees they sat here and there, in deep contemplation
ispod drveća sjedili su tu i tamo, duboko zamišljeni
or they were in a conversation about spiritual matters
ili su bili u razgovoru o duhovnim stvarima
the shady gardens looked like a city
sjenoviti vrtovi izgledali su kao grad
a city full of people, bustling like bees
grad pun ljudi, užurbanih poput pčela
The majority of the monks went out with their alms-dish
Većina redovnika izašla je van sa svojom milostinjom
they went out to collect food for their lunch
izašli su po hranu za ručak
this would be their only meal of the day
ovo bi im bio jedini obrok u danu
The Buddha himself, the enlightened one, also begged in the mornings
Sam Buddha, prosvijetljeni, također je prosio ujutro
Siddhartha saw him, and he instantly recognised him

Siddhartha ga je vidio i odmah ga je prepoznao
he recognised him as if a God had pointed him out
prepoznao ga je kao da mu je Bog ukazao
He saw him, a simple man in a yellow robe
Vidio ga je, jednostavnog čovjeka u žutoj halji
he was bearing the alms-dish in his hand, walking silently
nosio je zdjelu za milostinju u ruci, hodajući tiho
"Look here!" Siddhartha said quietly to Govinda
"Gledaj ovamo!" Siddhartha je tiho rekao Govindi
"This one is the Buddha"
"Ovaj je Buda"
Attentively, Govinda looked at the monk in the yellow robe
Govinda je pažljivo pogledao redovnika u žutoj halji
this monk seemed to be in no way different from any of the others
činilo se da se ovaj redovnik ni po čemu ne razlikuje od ostalih
but soon, Govinda also realized that this is the one
ali ubrzo je i Govinda shvatio da je to taj
And they followed him and observed him
I oni su ga slijedili i promatrali
The Buddha went on his way, modestly and deep in his thoughts
Buddha je nastavio svojim putem, skromno i duboko zadubljen u svoje misli
his calm face was neither happy nor sad
njegovo mirno lice nije bilo ni sretno ni tužno
his face seemed to smile quietly and inwardly
činilo se da mu se lice tiho i u sebi smiješi
his smile was hidden, quiet and calm
osmijeh mu je bio skriven, tih i miran
the way the Buddha walked somewhat resembled a healthy child
način na koji je Buddha hodao donekle je sličio zdravom djetetu
he walked just as all of his monks did
hodao je kao i svi njegovi redovnici

he placed his feet according to a precise rule
postavio je svoja stopala prema točno određenom pravilu
his face and his walk, his quietly lowered glance
njegovo lice i njegov hod, njegov tiho oboren pogled
his quietly dangling hand, every finger of it
njegova tiho obješena ruka, svaki njen prst
all these things expressed peace
sve su te stvari izražavale mir
all these things expressed perfection
sve su te stvari izražavale savršenstvo
he did not search, nor did he imitate
nije tražio, niti oponašao
he softly breathed inwardly an unwhithering calm
tiho je u sebi udahnuo nepokolebljivu smirenost
he shone outwardly an unwhithering light
izvana je obasjavao neumornu svjetlost
he had about him an untouchable peace
imao je oko sebe nedodirljivi mir
the two Samanas recognised him solely by the perfection of his calm
dvojica Samana su ga prepoznala isključivo po savršenstvu njegove smirenosti
they recognized him by the quietness of his appearance
prepoznali su ga po tišini njegova izgleda
the quietness in his appearance in which there was no searching
tišina u njegovoj pojavi u kojoj nije bilo traženja
there was no desire, nor imitation
nije bilo želje, niti oponašanja
there was no effort to be seen
nije bilo truda da se vidi
only light and peace was to be seen in his appearance
samo svjetlo i mir je bilo vidjeti u njegovoj pojavi
"Today, we'll hear the teachings from his mouth" said Govinda
"Danas ćemo čuti učenja iz njegovih usta", reče Govinda

Siddhartha did not answer
Siddhartha nije odgovorio
He felt little curiosity for the teachings
Osjećao je malo znatiželje za učenja
he did not believe that they would teach him anything new
nije vjerovao da će ga oni nečemu novom naučiti
he had heard the contents of this Buddha's teachings again and again
čuo je sadržaj učenja ovog Buddhe uvijek iznova
but these reports only represented second hand information
ali ta su izvješća predstavljala samo informacije iz druge ruke
But attentively he looked at Gotama's head
Ali pažljivo je pogledao Gotaminu glavu
his shoulders, his feet, his quietly dangling hand
njegova ramena, njegova stopala, njegova tiho obješena ruka
it was as if every finger of this hand was of these teachings
bilo je kao da je svaki prst ove ruke bio od tih učenja
his fingers spoke of truth
njegovi su prsti govorili o istini
his fingers breathed and exhaled the fragrance of truth
njegovi su prsti udisali i izdisali miris istine
his fingers glistened with truth
prsti su mu blistali od istine
this Buddha was truthful down to the gesture of his last finger
ovaj Buddha je bio iskren sve do geste svog posljednjeg prsta
Siddhartha could see that this man was holy
Siddhartha je mogao vidjeti da je ovaj čovjek svet
Never before, Siddhartha had venerated a person so much
Nikad prije, Siddhartha nije toliko štovao neku osobu
he had never before loved a person as much as this one
nikada prije nije volio osobu kao ovu
They both followed the Buddha until they reached the town
Obojica su slijedila Budu dok nisu stigli u grad
and then they returned to their silence
a onda su se vratili svojoj šutnji

they themselves intended to abstain on this day
sami su namjeravali apstinirati na ovaj dan
They saw Gotama returning the food that had been given to him
Vidjeli su Gotamu kako vraća hranu koju mu je dao
what he ate could not even have satisfied a bird's appetite
ono što je jeo nije moglo zadovoljiti ni ptičji apetit
and they saw him retiring into the shade of the mango-trees
i vidjeli su ga kako se povlači u sjenu stabala manga

in the evening the heat had cooled down
navečer se toplina ohladila
everyone in the camp started to bustle about and gathered around
svi u logoru počeli su se užurbano okupljati
they heard the Buddha teaching, and his voice
čuli su Budino učenje i njegov glas
and his voice was also perfected
a i glas mu je bio usavršen
his voice was of perfect calmness
glas mu je bio savršeno miran
his voice was full of peace
glas mu je bio pun mira
Gotama taught the teachings of suffering
Gotama je podučavao učenja o patnji
he taught of the origin of suffering
naučavao je o podrijetlu patnje
he taught of the way to relieve suffering
poučavao je o načinu oslobađanja od patnje
Calmly and clearly his quiet speech flowed on
Mirno i jasno tekao je njegov tihi govor
Suffering was life, and full of suffering was the world
Patnja je bila život, a svijet je bio pun patnje
but salvation from suffering had been found
ali je pronađen spas od patnje

salvation was obtained by him who would walk the path of the Buddha
spas je dobio onaj koji je išao putem Buddhe
With a soft, yet firm voice the exalted one spoke
Uzvišeni je govorio blagim, ali čvrstim glasom
he taught the four main doctrines
podučavao je četiri glavne doktrine
he taught the eight-fold path
podučavao je osmerostruki put
patiently he went the usual path of the teachings
strpljivo je išao uobičajenim putem učenja
his teachings contained the examples
njegova su učenja sadržavala primjere
his teaching made use of the repetitions
njegovo učenje koristilo je ponavljanja
brightly and quietly his voice hovered over the listeners
vedro i tiho njegov je glas lebdio nad slušateljima
his voice was like a light
glas mu je bio poput svjetla
his voice was like a starry sky
glas mu je bio poput zvjezdanog neba
When the Buddha ended his speech, many pilgrims stepped forward
Kad je Buddha završio svoj govor, mnogi su hodočasnici istupili naprijed
they asked to be accepted into the community
tražili su da budu primljeni u zajednicu
they sought refuge in the teachings
tražili su utočište u učenjima
And Gotama accepted them by speaking
I Gotama ih je prihvatio govoreći
"You have heard the teachings well"
"Dobro ste čuli učenja"
"join us and walk in holiness"
"pridruži nam se i hodi u svetosti"
"put an end to all suffering"

"stati na kraj svim patnjama"
Behold, then Govinda, the shy one, also stepped forward and spoke
Gle, tada Govinda, stidljivi, također istupi naprijed i progovori
"I also take my refuge in the exalted one and his teachings"
"I ja se utječem Uzvišenom i njegovom učenju"
and he asked to be accepted into the community of his disciples
te je tražio da bude primljen u zajednicu svojih učenika
and he was accepted into the community of Gotama's disciples
te je primljen u zajednicu Gotaminih učenika

the Buddha had retired for the night
Buddha se povukao na noć
Govinda turned to Siddhartha and spoke eagerly
Govinda se okrenuo prema Siddharthi i revno progovorio
"Siddhartha, it is not my place to scold you"
"Siddhartha, nije moje da te grdim"
"We have both heard the exalted one"
"Obojica smo čuli uzvišenog"
"we have both perceived the teachings"
"obojica smo spoznali učenja"
"Govinda has heard the teachings"
"Govinda je čuo učenja"
"he has taken refuge in the teachings"
"našao je utočište u učenjima"
"But, my honoured friend, I must ask you"
"Ali, moj poštovani prijatelju, moram te pitati"
"don't you also want to walk the path of salvation?"
"Zar i ti ne želiš ići putem spasenja?"
"Would you want to hesitate?"
"Biste li htjeli oklijevati?"
"do you want to wait any longer?"
"želiš li još čekati?"
Siddhartha awakened as if he had been asleep

Siddhartha se probudio kao da je spavao
For a long time, he looked into Govinda's face
Dugo je gledao u Govindino lice
Then he spoke quietly, in a voice without mockery
Zatim je progovorio tiho, glasom bez podsmijeha
"Govinda, my friend, now you have taken this step"
"Govinda, prijatelju moj, sada si napravio ovaj korak"
"now you have chosen this path"
"sad si izabrao ovaj put"
"Always, oh Govinda, you've been my friend"
"Uvijek, o Govinda, bio si moj prijatelj"
"you've always walked one step behind me"
"uvijek si hodao korak iza mene"
"Often I have thought about you"
"Često sam razmišljao o tebi"
"'Won't Govinda for once also take a step by himself'"
"'Neće li Govinda jednom i sam napraviti korak'"
"'won't Govinda take a step without me?'"
"'Zar Govinda neće napraviti korak bez mene?'"
"'won't he take a step driven by his own soul?'"
"'zar neće učiniti korak vođen vlastitom dušom?'"
"Behold, now you've turned into a man"
"Eto, sad si postao čovjek"
"you are choosing your path for yourself"
"sami birate svoj put"
"I wish that you would go it up to its end"
"Volio bih da ideš do kraja"
"oh my friend, I hope that you shall find salvation!"
"o moj prijatelju, nadam se da ćeš pronaći spas!"
Govinda, did not completely understand it yet
Govinda, još nije u potpunosti razumio
he repeated his question in an impatient tone
ponovio je svoje pitanje nestrpljivim tonom
"Speak up, I beg you, my dear!"
— Govori, preklinjem te, dragi moj!
"Tell me, since it could not be any other way"

"Reci mi, jer nije moglo drugačije"
"won't you also take your refuge with the exalted Buddha?"
"Nećeš li i ti uzeti svoje utočište kod uzvišenog Buddhe?"
Siddhartha placed his hand on Govinda's shoulder
Siddhartha je stavio ruku na Govindino rame
"You failed to hear my good wish for you"
"Nisi čuo moju dobru želju za tebe"
"I'm repeating my wish for you"
"Ponavljam ti svoju želju"
"I wish that you would go this path"
"Volio bih da ideš ovim putem"
"I wish that you would go up to this path's end"
"Volio bih da odeš do kraja ove staze"
"I wish that you shall find salvation!"
"Želim da nađeš spas!"
In this moment, Govinda realized that his friend had left him
U tom trenutku Govinda je shvatio da ga je prijatelj napustio
when he realized this he started to weep
kad je to shvatio počeo je plakati
"Siddhartha!" he exclaimed lamentingly
"Siddhartha!" - uzviknuo je žalosno
Siddhartha kindly spoke to him
Siddhartha je ljubazno razgovarao s njim
"don't forget, Govinda, who you are"
"ne zaboravi, Govinda, tko si"
"you are now one of the Samanas of the Buddha"
"sada si jedan od samana Buddhe"
"You have renounced your home and your parents"
"Odrekli ste se svog doma i svojih roditelja"
"you have renounced your birth and possessions"
"ti si se odrekao svog rođenja i posjeda"
"you have renounced your free will"
"odrekli ste se svoje slobodne volje"
"you have renounced all friendship"
"ti si se odrekao svakog prijateljstva"

"This is what the teachings require"
"To je ono što učenja zahtijevaju"
"this is what the exalted one wants"
"to hoće uzvišeni"
"This is what you wanted for yourself"
"Ovo je ono što si želio za sebe"
"Tomorrow, oh Govinda, I will leave you"
"Sutra ću te ostaviti, o Govinda"
For a long time, the friends continued walking in the garden
Prijatelji su dugo šetali vrtom
for a long time, they lay there and found no sleep
dugo su ležali i nisu našli sna
And over and over again, Govinda urged his friend
I uvijek iznova, Govinda je poticao svog prijatelja
"why would you not want to seek refuge in Gotama's teachings?"
"zašto ne biste htjeli potražiti utočište u Gotaminim učenjima?"
"what fault could you find in these teachings?"
"koju grešku možete naći u ovim učenjima?"
But Siddhartha turned away from his friend
Ali Siddhartha se okrenuo od svog prijatelja
every time he said, "Be content, Govinda!"
svaki put kad bi rekao: "Budi zadovoljan, Govinda!"
"Very good are the teachings of the exalted one"
"Veoma su lijepa učenja Uzvišenog"
"how could I find a fault in his teachings?"
"kako bih mogao naći grešku u njegovim učenjima?"

it was very early in the morning
bilo je vrlo rano ujutro
one of the oldest monks went through the garden
vrtom je prošao jedan od najstarijih redovnika
he called to those who had taken their refuge in the teachings
pozvao je one koji su našli svoje utočište u učenju
he called them to dress them up in the yellow robe

pozvao ih je da ih obuče u žuti ogrtač
and he instruct them in the first teachings and duties of their position
i on ih upućuje u prva učenja i dužnosti njihova položaja
Govinda once again embraced his childhood friend
Govinda je još jednom zagrlio svog prijatelja iz djetinjstva
and then he left with the novices
a zatim je otišao s novakinjama
But Siddhartha walked through the garden, lost in thought
Ali Siddhartha je hodao kroz vrt, izgubljen u mislima
Then he happened to meet Gotama, the exalted one
Onda je slučajno sreo Gotamu, uzvišenog
he greeted him with respect
pozdravi ga s poštovanjem
the Buddha's glance was full of kindness and calm
Buddhin pogled bio je pun dobrote i smirenosti
the young man summoned his courage
mladić je skupio hrabrost
he asked the venerable one for the permission to talk to him
zamolio je velečasnog za dopuštenje da razgovara s njim
Silently, the exalted one nodded his approval
Uzvišeni je tiho kimnuo glavom u znak odobravanja
Spoke Siddhartha, "Yesterday, oh exalted one"
Govorio je Siddhartha, "Jučer, o uzvišeni"
"I had been privileged to hear your wondrous teachings"
"Imao sam privilegiju čuti tvoja čudesna učenja"
"Together with my friend, I had come from afar, to hear your teachings"
"Zajedno sa svojim prijateljem, došao sam izdaleka, da čujem tvoje učenje"
"And now my friend is going to stay with your people"
"A sada će moj prijatelj ostati s tvojim ljudima"
"he has taken his refuge with you"
"našao je svoje utočište kod tebe"
"But I will again start on my pilgrimage"
"Ali ja ću ponovno krenuti na svoje hodočašće"

"As you please," the venerable one spoke politely
"Kako hoćete", reče uljudno velečasni
"Too bold is my speech," Siddhartha continued
"Previše je hrabar moj govor", nastavi Siddhartha
"but I do not want to leave the exalted on this note"
"ali ne želim ostaviti uzvišenog na ovoj bilješci"
"I want to share with the most venerable one my honest thoughts"
"Želim s najčasnijim podijeliti svoje iskrene misli"
"Does it please the venerable one to listen for one moment longer?"
"Slaže li se velečasni da još koji trenutak posluša?"
Silently, the Buddha nodded his approval
Buddha je tiho kimnuo u znak odobravanja
Spoke Siddhartha, "oh most venerable one"
Govorio je Siddhartha, "o najčasniji"
"there is one thing I have admired in your teachings most of all"
"postoji jedna stvar kojoj sam se najviše divio u vašim učenjima"
"Everything in your teachings is perfectly clear"
"Sve je u vašim učenjima savršeno jasno"
"what you speak of is proven"
"to što govoriš je dokazano"
"you are presenting the world as a perfect chain"
"predstavljaš svijet kao savršen lanac"
"a chain which is never and nowhere broken"
"lanac koji se nikada i nigdje ne prekida"
"an eternal chain the links of which are causes and effects"
"vječni lanac čije su karike uzroci i posljedice"
"Never before, has this been seen so clearly"
"Nikad prije se ovo nije tako jasno vidjelo"
"never before, has this been presented so irrefutably"
"nikada prije ovo nije tako nepobitno predstavljeno"
"truly, the heart of every Brahman has to beat stronger with love"

"uistinu, srce svakog brahmana mora kucati jače od ljubavi"
"he has seen the world through your perfectly connected teachings"
"vidio je svijet kroz vaša savršeno povezana učenja"
"without gaps, clear as a crystal"
"bez zazora, čist kao kristal"
"not depending on chance, not depending on Gods"
"ne ovisi o slučaju, ne ovisi o bogovima"
"he has to accept it whether it may be good or bad"
"on to mora prihvatiti bilo dobro ili loše"
"he has to live by it whether it would be suffering or joy"
"on mora živjeti po tome bilo da je to patnja ili radost"
"but I do not wish to discuss the uniformity of the world"
"ali ne želim raspravljati o jednoličnosti svijeta"
"it is possible that this is not essential"
"moguće je da to nije bitno"
"everything which happens is connected"
"sve što se događa je povezano"
"the great and the small things are all encompassed"
"velike i male stvari su sve obuhvaćene"
"they are connected by the same forces of time"
"povezuju ih iste sile vremena"
"they are connected by the same law of causes"
"povezani su istim zakonom uzroka"
"the causes of coming into being and of dying"
"uzroci nastanka i umiranja"
"this is what shines brightly out of your exalted teachings"
"ovo je ono što jarko sija iz vaših uzvišenih učenja"
"But, according to your very own teachings, there is a small gap"
"Ali, prema vašim vlastitim učenjima, postoji mali jaz"
"this unity and necessary sequence of all things is broken in one place"
"ovo jedinstvo i nužni slijed svih stvari prekinut je na jednom mjestu"
"this world of unity is invaded by something alien"

"ovaj svijet jedinstva napadnut je nečim stranim"
"there is something new, which had not been there before"
"ima nešto novo, čega prije nije bilo"
"there is something which cannot be demonstrated"
"postoji nešto što se ne može dokazati"
"there is something which cannot be proven"
"postoji nešto što se ne može dokazati"
"these are your teachings of overcoming the world"
"ovo su tvoja učenja o prevladavanju svijeta"
"these are your teachings of salvation"
"ovo su tvoja učenja spasenja"
"But with this small gap, the eternal breaks apart again"
"Ali s ovom malom prazninom, vječno se ponovno raspada"
"with this small breach, the law of the world becomes void"
"s ovim malim kršenjem, zakon svijeta postaje ništavan"
"Please forgive me for expressing this objection"
"Molim vas da mi oprostite što sam izrazio ovaj prigovor"
Quietly, Gotama had listened to him, unmoved
Gotama ga je tiho slušao, nepomično
Now he spoke, the perfected one, with his kind and polite clear voice
Sada je progovorio, onaj savršeni, svojim ljubaznim i pristojnim jasnim glasom
"You've heard the teachings, oh son of a Brahman"
"Čuo si učenja, o sine Brahmanov"
"and good for you that you've thought about it this deeply"
"i dobro za tebe što si o tome ovako duboko razmislio"
"You've found a gap in my teachings, an error"
"Našao si prazninu u mojim učenjima, grešku"
"You should think about this further"
"Trebao bi još razmisliti o ovome"
"But be warned, oh seeker of knowledge, of the thicket of opinions"
"Ali budi upozoren, o tragače za znanjem, o šikari mišljenja"
"be warned of arguing about words"
"budite upozoreni na svađu oko riječi"

"There is nothing to opinions"
"Nema ništa od mišljenja"
"they may be beautiful or ugly"
"mogu biti lijepe ili ružne"
"opinions may be smart or foolish"
"mišljenja mogu biti pametna ili glupa"
"everyone can support opinions, or discard them"
"svatko može podržavati mišljenja, ili ih odbaciti"
"But the teachings, you've heard from me, are no opinion"
"Ali učenja, koja ste čuli od mene, nisu mišljenje"
"their goal is not to explain the world to those who seek knowledge"
"njihov cilj nije objasniti svijet onima koji traže znanje"
"They have a different goal"
"Oni imaju drugačiji cilj"
"their goal is salvation from suffering"
"njihov cilj je spas od patnje"
"This is what Gotama teaches, nothing else"
"Ovo Gotama uči, ništa drugo"
"I wish that you, oh exalted one, would not be angry with me" said the young man
"Želio bih da se ti, o uzvišeni, ne ljutiš na mene", reče mladić
"I have not spoken to you like this to argue with you"
"Nisam ovako razgovarao s tobom da bih se svađao s tobom"
"I do not wish to argue about words"
"Ne želim raspravljati o riječima"
"You are truly right, there is little to opinions"
"Stvarno si u pravu, malo je mišljenja"
"But let me say one more thing"
"Ali dopustite mi da kažem još jednu stvar"
"I have not doubted in you for a single moment"
"Nisam sumnjao u tebe ni jednog trenutka"
"I have not doubted for a single moment that you are Buddha"
"Ni jednog trenutka nisam sumnjao da si ti Buda"
"I have not doubted that you have reached the highest goal"

"Nisam sumnjao da si dostigao najviši cilj"
"the highest goal towards which so many Brahmans are on their way"
"najviši cilj prema kojem su toliki brahmani na putu"
"You have found salvation from death"
"Našao si spas od smrti"
"It has come to you in the course of your own search"
"Došlo vam je u tijeku vaše vlastite potrage"
"it has come to you on your own path"
"došlo ti je na vlastitom putu"
"it has come to you through thoughts and meditation"
"to ti je došlo kroz misli i meditaciju"
"it has come to you through realizations and enlightenment"
"to vam je došlo kroz spoznaje i prosvjetljenje"
"but it has not come to you by means of teachings!"
"ali to nije došlo do vas putem učenja!"
"And this is my thought"
"I ovo je moja misao"
"nobody will obtain salvation by means of teachings!"
"nitko neće dobiti spasenje pomoću učenja!"
"You will not be able to convey your hour of enlightenment"
"Nećete moći prenijeti svoj sat prosvjetljenja"
"words of what has happened to you won't convey the moment!"
"riječi onoga što ti se dogodilo neće prenijeti trenutak!"
"The teachings of the enlightened Buddha contain much"
"Učenja prosvijetljenog Buddhe sadrže mnogo"
"it teaches many to live righteously"
"mnoge uči da žive pravedno"
"it teaches many to avoid evil"
"mnoge uči izbjegavati zlo"
"But there is one thing which these teachings do not contain"
"Ali postoji jedna stvar koju ta učenja ne sadrže"
"they are clear and venerable, but the teachings miss something"
"oni su jasni i časni, ali učenjima nešto nedostaje"

"the teachings do not contain the mystery"
"učenja ne sadrže misterij"
"the mystery of what the exalted one has experienced for himself"
"misterij onoga što je uzvišeni iskusio na sebi"
"among hundreds of thousands, only he experienced it"
"među stotinama tisuća samo je on to doživio"
"This is what I have thought and realized, when I heard the teachings"
"Ovo sam mislio i shvatio kad sam čuo učenja"
"This is why I am continuing my travels"
"Zato nastavljam svoja putovanja"
"this is why I do not to seek other, better teachings"
"zato ne tražim druga, bolja učenja"
"I know there are no better teachings"
"Znam da nema boljeg učenja"
"I leave to depart from all teachings and all teachers"
"Odlazim da odstupim od svih učenja i svih učitelja"
"I leave to reach my goal by myself, or to die"
"Odlazim da sam postignem svoj cilj ili da umrem"
"But often, I'll think of this day, oh exalted one"
"Ali često ću misliti na ovaj dan, o uzvišeni"
"and I'll think of this hour, when my eyes beheld a holy man"
"I mislit ću na ovaj čas, kad su moje oči ugledale svetog čovjeka"
The Buddha's eyes quietly looked to the ground
Budine oči tiho su gledale u zemlju
quietly, in perfect equanimity, his inscrutable face was smiling
tiho, savršeno smireno, smiješilo se njegovo nedokučivo lice
the venerable one spoke slowly
polako je govorio časni
"I wish that your thoughts shall not be in error"
"Želim da tvoje misli ne budu u zabludi"
"I wish that you shall reach the goal!"

"Želim ti da postigneš cilj!"
"But there is something I ask you to tell me"
"Ali postoji nešto što te molim da mi kažeš"
"Have you seen the multitude of my Samanas?"
"Jesi li vidio mnoštvo mojih Samana?"
"they have taken refuge in the teachings"
"potražili su utočište u učenjima"
"do you believe it would be better for them to abandon the teachings?"
"vjerujete li da bi za njih bilo bolje da napuste učenja?"
"should they to return into the world of desires?"
"trebaju li se vratiti u svijet želja?"
"Far is such a thought from my mind" exclaimed Siddhartha
"Daleko je takva misao od mog uma", uzvikne Siddhartha
"I wish that they shall all stay with the teachings"
"Želim da svi ostanu pri učenju"
"I wish that they shall reach their goal!"
"Želim da postignu svoj cilj!"
"It is not my place to judge another person's life"
"Nije moje da sudim o tuđem životu"
"I can only judge my own life "
"Mogu suditi samo o svom životu"
"I must decide, I must chose, I must refuse"
"Moram odlučiti, moram izabrati, moram odbiti"
"Salvation from the self is what we Samanas search for"
"Spas od sebe je ono što mi Samane tražimo"
"oh exalted one, if only I were one of your disciples"
"O uzvišeni, da sam samo jedan od tvojih učenika"
"I'd fear that it might happen to me"
"Bojao bih se da bi se to meni moglo dogoditi"
"only seemingly, would my self be calm and be redeemed"
"samo naizgled, ja bih bio miran i iskupljen"
"but in truth it would live on and grow"
"ali zapravo će živjeti i rasti"
"because then I would replace my self with the teachings"
"jer tada bih sebe zamijenio učenjem"

"my self would be my duty to follow you"
"ja bih bila moja dužnost da te slijedim"
"my self would be my love for you"
"ja bih bila moja ljubav za tebe"
"and my self would be the community of the monks!"
"a ja bih bila zajednica redovnika!"
With half of a smile Gotama looked into the stranger's eyes
S napola osmijehom Gotama je pogledao stranca u oči
his eyes were unwaveringly open and kind
oči su mu bile nepokolebljivo otvorene i ljubazne
he bid him to leave with a hardly noticeable gesture
rekao mu je da ode jedva primjetnom kretnjom
"You are wise, oh Samana" the venerable one spoke
"Ti si mudar, o Samana", rekao je časni
"You know how to talk wisely, my friend"
"Znaš mudro govoriti, prijatelju"
"Be aware of too much wisdom!"
"Budi svjestan prevelike mudrosti!"
The Buddha turned away
Buddha se okrenuo
Siddhartha would never forget his glance
Siddhartha nikad ne bi zaboravio njegov pogled
his half smile remained forever etched in Siddhartha's memory
njegov poluosmijeh ostao je zauvijek urezan u Siddharthino sjećanje
Siddhartha thought to himself
pomisli Siddhartha u sebi
"I have never before seen a person glance and smile this way"
"Nikad prije nisam vidio osobu koja ovako gleda i smiješi se"
"no one else sits and walks like he does"
"nitko drugi ne sjedi i hoda kao on"
"truly, I wish to be able to glance and smile this way"
"zaista, volio bih moći ovako gledati i nasmiješiti se"
"I wish to be able to sit and walk this way, too"

"I ja bih volio moći sjediti i hodati na ovaj način"
"liberated, venerable, concealed, open, childlike and mysterious"
"oslobođeno, časno, skriveno, otvoreno, dječje i tajanstveno"
"he must have succeeded in reaching the innermost part of his self"
"mora da je uspio doprijeti do najdubljeg dijela sebe"
"only then can someone glance and walk this way"
"tek tada netko može baciti pogled i hodati ovuda"
"I will also seek to reach the innermost part of my self"
"Također ću nastojati doprijeti do najdubljeg dijela sebe"
"I saw a man" Siddhartha thought
"Vidio sam čovjeka", pomisli Siddhartha
"a single man, before whom I would have to lower my glance"
"jedan čovjek, pred kojim bih morala oboriti pogled"
"I do not want to lower my glance before anyone else"
"Ne želim spustiti svoj pogled ni pred kim drugim"
"No teachings will entice me more anymore"
"Nikakva učenja me više neće mamiti"
"because this man's teachings have not enticed me"
"jer me učenje ovog čovjeka nije privuklo"
"I am deprived by the Buddha" thought Siddhartha
"Buddha me je lišio", pomisli Siddhartha
"I am deprived, although he has given so much"
"Zakinut sam, iako je on toliko dao"
"he has deprived me of my friend"
"lišio me mog prijatelja"
"my friend who had believed in me"
"moj prijatelj koji je vjerovao u mene"
"my friend who now believes in him"
"moj prijatelj koji sada vjeruje u njega"
"my friend who had been my shadow"
"moj prijatelj koji je bio moja sjena"
"and now he is Gotama's shadow"
"i sada je on Gotamina sjena"

"but he has given me Siddhartha"
"ali dao mi je Siddharthu"
"he has given me myself"
"on mi je dao sebe"

Awakening
Buđenje

Siddhartha left the mango grove behind him
Siddhartha je iza sebe ostavio nasad manga
but he felt his past life also stayed behind
ali osjećao je da je i njegov prošli život ostao iza njega
the Buddha, the perfected one, stayed behind
Buddha, savršeni, je ostao
and Govinda stayed behind too
a Govinda je također ostao
and his past life had parted from him
i njegov prošli život se rastao od njega
he pondered as he was walking slowly
razmišljao je dok je polako hodao
he pondered about this sensation, which filled him completely
razmišljao je o tom osjećaju koji ga je potpuno ispunio
He pondered deeply, like diving into a deep water
Duboko je razmišljao, kao da roni u duboku vodu
he let himself sink down to the ground of the sensation
dopustio je da se spusti na tlo osjeta
he let himself sink down to the place where the causes lie
dopustio je da se spusti do mjesta gdje leže uzroci
to identify the causes is the very essence of thinking
identificirati uzroke sama je bit razmišljanja
this was how it seemed to him
tako mu se činilo
and by this alone, sensations turn into realizations
i samo po tome senzacije pretvaraju u spoznaje
and these sensations are not lost
a ti se osjećaji ne gube
but the sensations become entities
ali osjeti postaju entiteti
and the sensations start to emit what is inside of them
a osjeti počinju emitirati ono što je u njima

they show their truths like rays of light
pokazuju svoje istine poput zraka svjetla
Slowly walking along, Siddhartha pondered
Polako hodajući, Siddhartha je razmišljao
He realized that he was no youth any more
Shvatio je da više nije mlad
he realized that he had turned into a man
shvatio je da se pretvorio u čovjeka
He realized that something had left him
Shvatio je da ga je nešto napustilo
the same way a snake is left by its old skin
isto onako kako zmiju ostavlja njezina stara koža
what he had throughout his youth no longer existed in him
ono što je imao tijekom cijele mladosti više nije postojalo u njemu
it used to be a part of him; the wish to have teachers
to je nekada bio dio njega; želju za učiteljima
the wish to listen to teachings
želja za slušanjem učenja
He had also left the last teacher who had appeared on his path
Napustio je i posljednjeg učitelja koji mu se pojavio na putu
he had even left the highest and wisest teacher
bio je čak napustio i najvišeg i najmudrijeg učitelja
he had left the most holy one, Buddha
ostavio je najsvetijeg, Budu
he had to part with him, unable to accept his teachings
morao se rastati s njim, ne mogavši prihvatiti njegova učenja
Slower, he walked along in his thoughts
Sporije je hodao u svojim mislima
and he asked himself, "But what is this?"
i zapitao se: "Ali što je ovo?"
"what have you sought to learn from teachings and from teachers?"
"što ste nastojali naučiti iz učenja i od učitelja?"
"and what were they, who have taught you so much?"

"a što su oni koji su te toliko naučili?"
"what are they if they have been unable to teach you?"
"što su oni ako te nisu mogli naučiti?"
And he found, "It was the self"
I pronašao je, "To je bio ja"
"it was the purpose and essence of which I sought to learn"
"to je bila svrha i bit koju sam želio naučiti"
"It was the self I wanted to free myself from"
"Bilo je to ja kojeg sam se želio osloboditi"
"the self which I sought to overcome"
"jastvo koje sam nastojao prevladati"
"But I was not able to overcome it"
"Ali nisam to uspio prevladati"
"I could only deceive it"
"Mogao sam samo prevariti"
"I could only flee from it"
"Mogao sam samo pobjeći od toga"
"I could only hide from it"
"Samo sam se mogao sakriti od toga"
"Truly, no thing in this world has kept my thoughts so busy"
"Zaista, ništa na ovom svijetu nije toliko zaokupljalo moje misli"
"I have been kept busy by the mystery of me being alive"
"Bio sam zauzet misterijom da sam živ"
"the mystery of me being one"
"misterija da sam ja jedno"
"the mystery if being separated and isolated from all others"
"misterij ako si odvojen i izoliran od svih ostalih"
"the mystery of me being Siddhartha!"
"misterij mog bića Siddhartha!"
"And there is no thing in this world I know less about"
"I ne postoji stvar na ovom svijetu o kojoj znam manje"
he had been pondering while slowly walking along
razmišljao je dok je polako hodao
he stopped as these thoughts caught hold of him
zastao je kad su ga ove misli uhvatile

and right away another thought sprang forth from these thoughts
i odmah je iz ovih misli iskočila druga misao
"there's one reason why I know nothing about myself"
"postoji jedan razlog zašto ne znam ništa o sebi"
"there's one reason why Siddhartha has remained alien to me"
"Postoji jedan razlog zašto mi je Siddhartha ostao stranac"
"all of this stems from one cause"
"sve ovo proizlazi iz jednog uzroka"
"I was afraid of myself, and I was fleeing"
"Bojala sam se sebe i bježala sam"
"I have searched for both Atman and Brahman"
"Tražio sam i Atmana i Brahmana"
"for this I was willing to dissect my self"
"za ovo sam bio spreman secirati samog sebe"
"and I was willing to peel off all of its layers"
"i bio sam spreman oguliti sve njegove slojeve"
"I wanted to find the core of all peels in its unknown interior"
"Želio sam pronaći srž svih pilinga u njegovoj nepoznatoj unutrašnjosti"
"the Atman, life, the divine part, the ultimate part"
"atman, život, božanski dio, krajnji dio"
"But I have lost myself in the process"
"Ali izgubio sam se u procesu"
Siddhartha opened his eyes and looked around
Siddhartha je otvorio oči i pogledao oko sebe
looking around, a smile filled his face
osvrnuvši se oko sebe, osmijeh mu je ispunio lice
a feeling of awakening from long dreams flowed through him
kroz njega je prostrujao osjećaj buđenja iz dugih snova
the feeling flowed from his head down to his toes
osjećaj mu je tekao od glave do nožnih prstiju
And it was not long before he walked again

I nije prošlo dugo prije nego što je ponovno prohodao
he walked quickly, like a man who knows what he has got to do
hodao je brzo, kao čovjek koji zna što mu je činiti
"now I will not let Siddhartha escape from me again!"
"sada više neću dopustiti da mi Siddhartha pobjegne!"
"I no longer want to begin my thoughts and my life with Atman"
"Ne želim više započeti svoje misli i svoj život s Atmanom"
"nor do I want to begin my thoughts with the suffering of the world"
"niti želim započeti svoje misli s patnjom svijeta"
"I do not want to kill and dissect myself any longer"
"Ne želim se više ubijati i secirati"
"Yoga-Veda shall not teach me anymore"
"Yoga-Veda me više neće učiti"
"nor Atharva-Veda, nor the ascetics"
"ni Atharva-Veda, ni askete"
"there will not be any kind of teachings"
"neće biti nikakvih učenja"
"I want to learn from myself and be my student"
"Želim učiti od sebe i biti svoj učenik"
"I want to get to know myself; the secret of Siddhartha"
"Želim upoznati sebe; tajna Siddharthe"

He looked around, as if he was seeing the world for the first time
Pogledao je oko sebe, kao da prvi put vidi svijet
Beautiful and colourful was the world
Lijep i šaren bio je svijet
strange and mysterious was the world
čudan je i tajanstven bio svijet
Here was blue, there was yellow, here was green
Ovdje je bilo plavo, tamo je bilo žuto, ovdje je bilo zeleno
the sky and the river flowed
teklo je nebo i rijeka

the forest and the mountains were rigid
šuma i planine bile su krute
all of the world was beautiful
sav svijet je bio lijep
all of it was mysterious and magical
sve je to bilo tajanstveno i čarobno
and in its midst was he, Siddhartha, the awakening one
a usred njega bio je on, Siddhartha, onaj koji se budio
and he was on the path to himself
a bio je na putu do sebe
all this yellow and blue and river and forest entered Siddhartha
sve ovo žuto i plavo i rijeka i šuma ušli su u Siddharthu
for the first time it entered through the eyes
prvi put je ušao kroz oči
it was no longer a spell of Mara
to više nije bila čarolija Mara
it was no longer the veil of Maya
to više nije bio veo Maye
it was no longer a pointless and coincidental
više nije bilo besmisleno i slučajno
things were not just a diversity of mere appearances
stvari nisu bile samo raznolikost pukih pojava
appearances despicable to the deeply thinking Brahman
pojave dostojne prezira duboko razmišljajućem Brahmanu
the thinking Brahman scorns diversity, and seeks unity
razmišljajući Brahman prezire različitost i traži jedinstvo
Blue was blue and river was river
Plavo je bilo plavo, a rijeka je bila rijeka
the singular and divine lived hidden in Siddhartha
jedinstveno i božansko živjelo je skriveno u Siddharthi
divinity's way and purpose was to be yellow here, and blue there
način i svrha božanstva bila je da ovdje bude žuta, a ondje plava
there sky, there forest, and here Siddhartha

tamo nebo, tamo šuma, a ovdje Siddhartha
The purpose and essential properties was not somewhere behind the things
Svrha i bitna svojstva nisu bila negdje iza stvari
the purpose and essential properties was inside of everything
svrha i bitna svojstva bila je unutar svega
"How deaf and stupid have I been!" he thought
— Kako sam bio gluh i glup! mislio je
and he walked swiftly along
a on je brzo hodao
"When someone reads a text he will not scorn the symbols and letters"
"Kad netko čita tekst, neće prezirati simbole i slova"
"he will not call the symbols deceptions or coincidences"
"neće nazvati simbole obmanama ili slučajnostima"
"but he will read them as they were written"
"ali on će ih pročitati kako su napisani"
"he will study and love them, letter by letter"
"proučavat će ih i voljeti, slovo po slovo"
"I wanted to read the book of the world and scorned the letters"
"Želio sam čitati knjigu svijeta i prezirao sam slova"
"I wanted to read the book of myself and scorned the symbols"
"Želio sam čitati knjigu o sebi i prezirao sam simbole"
"I called my eyes and my tongue coincidental"
"Svoje oči i jezik sam nazvao slučajnošću"
"I said they were worthless forms without substance"
"Rekao sam da su to bezvrijedni oblici bez sadržaja"
"No, this is over, I have awakened"
"Ne, ovo je gotovo, probudio sam se"
"I have indeed awakened"
"Zaista sam se probudio"
"I had not been born before this very day"
"Nisam se rodio prije ovog dana"

In thinking these thoughts, Siddhartha suddenly stopped once again
Razmišljajući o tim mislima, Siddhartha je iznenada ponovno zastao
he stopped as if there was a snake lying in front of him
zaustavio se kao da pred njim leži zmija
suddenly, he had also become aware of something else
iznenada je također postao svjestan još nečega
He was indeed like someone who had just woken up
Bio je doista poput nekoga tko se upravo probudio
he was like a new-born baby starting life anew
bio je poput novorođenčeta koje počinje život iznova
and he had to start again at the very beginning
i morao je krenuti iznova na samom početku
in the morning he had had very different intentions
ujutro je imao sasvim druge namjere
he had thought to return to his home and his father
mislio je vratiti se svojoj kući i ocu
But now he stopped as if a snake was lying on his path
Ali sada je stao kao da mu je zmija legla na put
he made a realization of where he was
shvatio je gdje se nalazi
"I am no longer the one I was"
"Nisam više onaj koji sam bio"
"I am no ascetic anymore"
"Više nisam asketa"
"I am not a priest anymore"
"Nisam više svećenik"
"I am no Brahman anymore"
"Više nisam Brahman"
"Whatever should I do at my father's place?"
"Što god da radim kod oca?"
"Study? Make offerings? Practise meditation?"
"Učiti? Davati ponude? Prakticirati meditaciju?"
"But all this is over for me"
"Ali sve je ovo za mene gotovo"

"all of this is no longer on my path"
"sve ovo više nije na mom putu"
Motionless, Siddhartha remained standing there
Siddhartha je ostao stajati nepomično
and for the time of one moment and breath, his heart felt cold
i za vrijeme jednog trenutka i daha, srce mu je bilo hladno
he felt a coldness in his chest
osjetio je hladnoću u grudima
the same feeling a small animal feels when it sees how alone it is
isti osjećaj koji mala životinja osjeća kad vidi kako je sama
For many years, he had been without home and had felt nothing
Godinama je bio bez doma i ništa nije osjetio
Now, he felt he had been without a home
Sada je osjećao da je ostao bez doma
Still, even in the deepest meditation, he had been his father's son
Ipak, čak iu najdubljoj meditaciji, bio je sin svoga oca
he had been a Brahman, of a high caste
bio je Brahman, iz visoke kaste
he had been a cleric
bio je klerik
Now, he was nothing but Siddhartha, the awoken one
Sada, on nije bio ništa drugo nego Siddhartha, onaj probuđeni
nothing else was left of him
ništa mu drugo nije ostalo
Deeply, he inhaled and felt cold
Duboko je udahnuo i osjetio hladnoću
a shiver ran through his body
tijelom mu je prošao drhtaj
Nobody was as alone as he was
Nitko nije bio sam kao on
There was no nobleman who did not belong to the noblemen

Nije bilo plemića koji nije pripadao plemićima
there was no worker that did not belong to the workers
nije bilo radnika koji nije pripadao radnicima
they had all found refuge among themselves
svi su našli utočište među sobom
they shared their lives and spoke their languages
dijelili su svoje živote i govorili svojim jezicima
there are no Brahman who would not be regarded as Brahmans
nema Brahmana koji se ne bi smatrali Brahmanima
and there are no Brahmans that didn't live as Brahmans
i nema brahmana koji nije živio kao brahman
there are no ascetic who could not find refuge with the Samanas
nema askete koji nije mogao naći utočište kod samana
and even the most forlorn hermit in the forest was not alone
pa čak ni najnapušteniji pustinjak u šumi nije bio sam
he was also surrounded by a place he belonged to
također je bio okružen mjestom kojem je pripadao
he also belonged to a caste in which he was at home
također je pripadao kasti u kojoj je bio kod kuće
Govinda had left him and became a monk
Govinda ga je napustio i postao redovnik
and a thousand monks were his brothers
a tisuću redovnika bila su njegova braća
they wore the same robe as him
nosili su isti ogrtač kao i on
they believed in his faith and spoke his language
vjerovali su u njegovu vjeru i govorili njegovim jezikom
But he, Siddhartha, where did he belong to?
Ali on, Siddhartha, gdje je pripadao?
With whom would he share his life?
S kim bi podijelio život?
Whose language would he speak?
Čijim bi jezikom govorio?
the world melted away all around him

svijet se oko njega topio
he stood alone like a star in the sky
stajao je sam kao zvijezda na nebu
cold and despair surrounded him
hladnoća i očaj su ga okruživali
but Siddhartha emerged out of this moment
ali Siddhartha je izašao iz ovog trenutka
Siddhartha emerged more his true self than before
Siddhartha je više izgledao kao pravi nego prije
he was more firmly concentrated than he had ever been
bio je čvršće koncentriran nego ikad
He felt; "this had been the last tremor of the awakening"
Osjećao je; "ovo je bio posljednji potres buđenja"
"the last struggle of this birth"
"posljednja borba ovog rođenja"
And it was not long until he walked again in long strides
I nije prošlo dugo dok je ponovno hodao dugim koracima
he started to proceed swiftly and impatiently
krenuo je brzo i nestrpljivo
he was no longer going home
više nije išao kući
he was no longer going to his father
nije više išao ocu

Part Two
Drugi dio

***

Kamala

Siddhartha learned something new on every step of his path
Siddhartha je naučio nešto novo na svakom koraku svog puta
because the world was transformed and his heart was enchanted
jer je svijet bio preobražen i njegovo srce je bilo začarano
He saw the sun rising over the mountains
Vidio je sunce kako izlazi iznad planina
and he saw the sun setting over the distant beach
i vidio je sunce kako zalazi nad udaljenom plažom
At night, he saw the stars in the sky in their fixed positions
Noću je vidio zvijezde na nebu u njihovim fiksnim položajima
and he saw the crescent of the moon floating like a boat in the blue
i ugleda mjesečev srp kako pluta poput čamca u plavetnilu
He saw trees, stars, animals, and clouds
Vidio je drveće, zvijezde, životinje i oblake
rainbows, rocks, herbs, flowers, streams and rivers
duge, kamenje, bilje, cvijeće, potoci i rijeke
he saw the glistening dew in the bushes in the morning
vidio je ujutro svjetlucavu rosu u grmlju
he saw distant high mountains which were blue
vidio je daleke visoke planine koje su bile plave
wind blew through the rice-field
vjetar je puhao kroz rižino polje
all of this, a thousand-fold and colourful, had always been there
sve je to, tisućustruko i šareno, oduvijek bilo tu
the sun and the moon had always shone
sunce i mjesec su uvijek sjali

rivers had always roared and bees had always buzzed
rijeke su uvijek hučale i pčele uvijek zujale
but in former times all of this had been a deceptive veil
ali u prošlim vremenima sve je to bio varljivi veo
to him it had been nothing more than fleeting
za njega je to bilo samo prolazno
it was supposed to be looked upon in distrust
trebalo se na to gledati s nepovjerenjem
it was destined to be penetrated and destroyed by thought
bilo je predodređeno da ga misao prodre i uništi
since it was not the essence of existence
budući da to nije bila bit postojanja
since this essence lay beyond, on the other side of, the visible
budući da je ova bit ležala onkraj, s druge strane, vidljivog
But now, his liberated eyes stayed on this side
Ali sada su njegove oslobođene oči ostale na ovoj strani
he saw and became aware of the visible
vidio je i postao svjestan vidljivog
he sought to be at home in this world
tražio je da bude kod kuće u ovom svijetu
he did not search for the true essence
nije tragao za pravom suštinom
he did not aim at a world beyond
nije ciljao na onostrani svijet
this world was beautiful enough for him
ovaj svijet mu je bio dovoljno lijep
looking at it like this made everything childlike
ovako gledajući sve je bilo djetinjasto
Beautiful were the moon and the stars
Lijepi su bili mjesec i zvijezde
beautiful was the stream and the banks
lijep je bio potok i obale
the forest and the rocks, the goat and the gold-beetle
šuma i kamenje, koza i zlatna buba
the flower and the butterfly; beautiful and lovely it was

cvijet i leptir; bilo je lijepo i lijepo
to walk through the world was childlike again
hodati svijetom opet je bilo djetinjasto
this way he was awoken
ovako je bio probuđen
this way he was open to what is near
ovako je bio otvoren onome što je blizu
this way he was without distrust
ovako je bio bez nepovjerenja
differently the sun burnt the head
drukčije sunce pržilo glavu
differently the shade of the forest cooled him down
inače ga je hlad šuma hladio
differently the pumpkin and the banana tasted
drukčiji okus bundeve i banane
Short were the days, short were the nights
Kratki su bili dani, kratke su bile noći
every hour sped swiftly away like a sail on the sea
svaki je sat brzo odjurio poput jedra na moru
and under the sail was a ship full of treasures, full of joy
a pod jedrom je bila lađa puna blaga, puna radosti
Siddhartha saw a group of apes moving through the high canopy
Siddhartha je vidio skupinu majmuna kako se kreću kroz visoke krošnje
they were high in the branches of the trees
bile su visoko u granama drveća
and he heard their savage, greedy song
i čuo je njihovu divlju, pohlepnu pjesmu
Siddhartha saw a male sheep following a female one and mating with her
Siddhartha je vidio mušku ovcu kako slijedi ženku i pari se s njom
In a lake of reeds, he saw the pike hungrily hunting for its dinner

U jezeru punom trske ugledao je štuku kako gladno lovi svoju večeru
young fish were propelling themselves away from the pike
mlade ribe su se odmicale od štuke
they were scared, wiggling and sparkling
bili su uplašeni, migoljili su se i svjetlucali
the young fish jumped in droves out of the water
mlade ribe su u jatima iskakale iz vode
the scent of strength and passion came forcefully out of the water
miris snage i strasti snažno je izlazio iz vode
and the pike stirred up the scent
a štuka je uzburkala miris
All of this had always existed
Sve je to oduvijek postojalo
and he had not seen it, nor had he been with it
a on to nije vidio, niti je bio s njim
Now he was with it and he was part of it
Sada je bio s tim i bio je dio toga
Light and shadow ran through his eyes
Kroz oči su mu prolazile svjetlost i sjena
stars and moon ran through his heart
zvijezde i mjesec prolazili su mu kroz srce

Siddhartha remembered everything he had experienced in the Garden Jetavana
Siddhartha se prisjetio svega što je doživio u vrtu Jetavana
he remembered the teaching he had heard there from the divine Buddha
sjetio se učenja koje je tamo čuo od božanskog Buddhe
he remembered the farewell from Govinda
sjetio se oproštaja od Govinde
he remembered the conversation with the exalted one
sjetio se razgovora s uzvišenim
Again he remembered his own words that he had spoken to the exalted one

Opet se sjetio svojih riječi koje je rekao uzvišenom
he remembered every word
sjećao se svake riječi
he realized he had said things which he had not really known
shvatio je da je rekao stvari koje zapravo nije znao
he astonished himself with what he had said to Gotama
zapanjio je samog sebe onim što je rekao Gotami
the Buddha's treasure and secret was not the teachings
Buddhino blago i tajna nisu bila učenja
but the secret was the inexpressible and not teachable
ali tajna je bila neizreciva i neopisiva
the secret which he had experienced in the hour of his enlightenment
tajna koju je iskusio u času svoga prosvjetljenja
the secret was nothing but this very thing which he had now gone to experience
tajna nije bila ništa drugo do upravo ova stvar koju je sada iskusio
the secret was what he now began to experience
tajna je bila ono što je sada počeo doživljavati
Now he had to experience his self
Sada je morao iskusiti sebe
he had already known for a long time that his self was Atman
već je dugo znao da je njegovo ja Atman
he knew Atman bore the same eternal characteristics as Brahman
znao je da Atman nosi iste vječne karakteristike kao i Brahman
But he had never really found this self
Ali nikada nije pronašao ovo ja
because he had wanted to capture the self in the net of thought
jer je htio uhvatiti sebe u mrežu misli
but the body was not part of the self
ali tijelo nije bilo dio jastva

it was not the spectacle of the senses
to nije bio spektakl osjetila
so it also was not the thought, nor the rational mind
tako da to također nije bila misao, niti racionalni um
it was not the learned wisdom, nor the learned ability
to nije bila naučena mudrost, niti naučena sposobnost
from these things no conclusions could be drawn
iz ovih stvari se ne bi mogli izvući zaključci
No, the world of thought was also still on this side
Ne, svijet misli također je još uvijek bio s ove strane
Both, the thoughts as well as the senses, were pretty things
I jedno i drugo, misli kao i osjetila, bile su lijepe stvari
but the ultimate meaning was hidden behind both of them
ali krajnje značenje krilo se iza oboje
both had to be listened to and played with
oboje se moralo slušati i igrati s njima
neither had to be scorned nor overestimated
niti je trebalo prezirati niti precjenjivati
there were secret voices of the innermost truth
čuli su se tajni glasovi najdublje istine
these voices had to be attentively perceived
te glasove je trebalo pažljivo opažati
He wanted to strive for nothing else
Nije želio težiti ni za čim drugim
he would do what the voice commanded him to do
učinio bi ono što mu je glas naredio
he would dwell where the voices advised him to
boravio bi tamo gdje su mu glasovi savjetovali
Why had Gotama sat down under the Bodhi tree?
Zašto je Gotama sjeo ispod drveta Bodhi?
He had heard a voice in his own heart
Čuo je glas u vlastitom srcu
a voice which had commanded him to seek rest under this tree
glas koji mu je naredio da potraži odmor pod ovim stablom
he could have gone on to make offerings

mogao je nastaviti prinositi ponude
he could have performed his ablutions
mogao se abdestiti
he could have spent that moment in prayer
mogao je taj trenutak provesti u molitvi
he had chosen not to eat or drink
odlučio je ne jesti ni piti
he had chosen not to sleep or dream
odlučio je ne spavati niti sanjati
instead, he had obeyed the voice
umjesto toga, poslušao je glas
To obey like this was good
Bilo je dobro ovako poslušati
it was good not to obey to an external command
bilo je dobro ne poslušati vanjsku zapovijed
it was good to obey only the voice
bilo je dobro poslušati samo glas
to be ready like this was good and necessary
ovako biti spreman bilo je dobro i potrebno
there was nothing else that was necessary
ništa drugo nije bilo potrebno

in the night Siddhartha got to a river
u noći je Siddhartha stigao do rijeke
he slept in the straw hut of a ferryman
spavao je u slamnatoj kolibi skelardžije
this night Siddhartha had a dream
ove noći Siddhartha je sanjao san
Govinda was standing in front of him
Govinda je stajao ispred njega
he was dressed in the yellow robe of an ascetic
bio je odjeven u žutu haljinu askete
Sad was how Govinda looked
Govinda je izgledao tužno
sadly he asked, "Why have you forsaken me?"
tužno je upitao: "Zašto si me napustio?"

Siddhartha embraced Govinda, and wrapped his arms around him
Siddhartha je zagrlio Govindu i ovio ruke oko njega
he pulled him close to his chest and kissed him
privukao ga na grudi i poljubio
but it was not Govinda anymore, but a woman
ali to više nije bio Govinda, već žena
a full breast popped out of the woman's dress
puna dojka iskočila je iz ženske haljine
Siddhartha lay and drank from the breast
Siddhartha je ležao i pio iz dojke
sweetly and strongly tasted the milk from this breast
slatko i snažno okusio mlijeko iz ove dojke
It tasted of woman and man
Imalo je okus žene i muškarca
it tasted of sun and forest
imalo je okus sunca i šume
it tasted of animal and flower
imalo je okus životinja i cvijeća
it tasted of every fruit and every joyful desire
okusilo je svako voće i svaku radosnu želju
It intoxicated him and rendered him unconscious
To ga je opilo i onesvijestilo
Siddhartha woke up from the dream
Siddhartha se probudio iz sna
the pale river shimmered through the door of the hut
blijeda rijeka svjetlucala je kroz vrata kolibe
a dark call of an owl resounded deeply through the forest
mračni zov sove duboko je odjeknuo šumom
Siddhartha asked the ferryman to get him across the river
Siddhartha je zamolio brodara da ga preveze preko rijeke
The ferryman got him across the river on his bamboo-raft
Skelar ga je preveo preko rijeke na svojoj splavi od bambusa
the water shimmered reddish in the light of the morning
voda je svjetlucala crvenkasto na svjetlu jutra
"This is a beautiful river," he said to his companion

"Ovo je prekrasna rijeka", rekao je svom pratiocu
"Yes," said the ferryman, "a very beautiful river"
"Da", rekao je skelar, "jako lijepa rijeka"
"I love it more than anything"
"Volim to više od svega"
"Often I have listened to it"
"Često sam to slušao"
"often I have looked into its eyes"
"često sam ga gledao u oči"
"and I have always learned from it"
"i uvijek sam učio iz toga"
"Much can be learned from a river"
"Od rijeke se može mnogo naučiti"
"I thank you, my benefactor" spoke Siddhartha
"Zahvaljujem ti, dobrotvoru moj", reče Siddhartha
he disembarked on the other side of the river
iskrcao se s druge strane rijeke
"I have no gift I could give you for your hospitality, my dear"
"Nemam poklon koji bih ti mogao dati za tvoje gostoprimstvo, draga moja"
"and I also have no payment for your work"
"i ja također nemam plaću za tvoj rad"
"I am a man without a home"
"Ja sam čovjek bez kuće"
"I am the son of a Brahman and a Samana"
"Ja sam sin Brahmana i Samane"
"I did see it," spoke the ferryman
"Vidio sam", reče skelar
"I did not expect any payment from you"
"Nisam očekivao nikakvu isplatu od tebe"
"it is custom for guests to bear a gift"
"običaj je da gosti nose dar"
"but I did not expect this from you either"
"ali ni ovo nisam očekivao od tebe"
"You will give me the gift another time"

"Drugi put ćeš mi dati dar"
"Do you think so?" asked Siddhartha, bemusedly
— Misliš li tako? upita Siddhartha, zbunjeno
"I am sure of it," replied the ferryman
"Siguran sam u to", odgovorio je skelar
"This too, I have learned from the river"
"I ovo sam naučio od rijeke"
"everything that goes comes back!"
"sve što prolazi vraća se!"
"You too, Samana, will come back"
"I ti ćeš se, Samana, vratiti"
"Now farewell! Let your friendship be my reward"
"A sada zbogom! Neka tvoje prijateljstvo bude moja nagrada"
"Commemorate me, when you make offerings to the gods"
"Spomeni me, kada budeš davao žrtve bogovima"
Smiling, they parted from each other
Smiješeći se, rastali su se jedno od drugog
Smiling, Siddhartha was happy about the friendship
Smiješeći se, Siddhartha je bio sretan zbog prijateljstva
and he was happy about the kindness of the ferryman
i bio je sretan zbog ljubaznosti brodara
"He is like Govinda," he thought with a smile
"On je kao Govinda", pomislio je sa smiješkom
"all I meet on my path are like Govinda"
"svi koje sretnem na svom putu su kao Govinda"
"All are thankful for what they have"
"Svi su zahvalni na onome što imaju"
"but they are the ones who would have a right to receive thanks"
"ali oni su ti koji bi imali pravo na zahvalu"
"all are submissive and would like to be friends"
"svi su pokorni i htjeli bi biti prijatelji"
"all like to obey and think little"
"svi se vole pokoravati i malo misle"
"all people are like children"
"svi ljudi su kao djeca"

At about noon, he came through a village
Oko podneva prošao je kroz jedno selo
In front of the mud cottages, children were rolling about in the street
Ispred kućica od blata djeca su se valjala po ulici
they were playing with pumpkin-seeds and sea-shells
igrali su se sjemenkama bundeve i školjkama
they screamed and wrestled with each other
vrištali su i hrvali se jedni s drugima
but they all timidly fled from the unknown Samana
ali su svi bojažljivo pobjegli od nepoznate Samane
In the end of the village, the path led through a stream
Na kraju sela put je vodio kroz potok
by the side of the stream, a young woman was kneeling
uz obalu potoka klečala je mlada žena
she was washing clothes in the stream
prala je rublje u potoku
When Siddhartha greeted her, she lifted her head
Kad ju je Siddhartha pozdravio, podigla je glavu
and she looked up to him with a smile
a ona ga je pogledala sa smiješkom
he could see the white in her eyes glistening
mogao je vidjeti bjeloočnicu u njezinim očima kako svjetluca
He called out a blessing to her
Zazvao ju je blagoslovom
this was the custom among travellers
to je bio običaj među putnicima
and he asked how far it was to the large city
i on upita koliko ima do velikog grada
Then she got up and came to him
Zatim je ustala i prišla mu
beautifully her wet mouth was shimmering in her young face
prekrasno su joj mokra usta svjetlucala na mladom licu
She exchanged humorous banter with him

S njim je razmijenila šaljive šale
she asked whether he had eaten already
upitala je je li već jeo
and she asked curious questions
a ona je postavljala znatiželjna pitanja
"is it true that the Samanas slept alone in the forest at night?"
"Je li istina da su Samane noćima spavale same u šumi?"
"is it true Samanas are not allowed to have women with them"
"Je li istina da Samanas ne smiju imati žene sa sobom"
While talking, she put her left foot on his right one
Dok je razgovarao, stavila je svoju lijevu nogu na njegovu desnu
the movement of a woman who would want to initiate sexual pleasure
pokret žene koja bi htjela inicirati spolni užitak
the textbooks call this "climbing a tree"
udžbenici ovo zovu "penjanje na drvo"
Siddhartha felt his blood heating up
Siddhartha je osjetio kako mu se krv zagrijava
he had to think of his dream again
morao je ponovno misliti na svoj san
he bend slightly down to the woman
lagano se sagnuo prema ženi
and he kissed with his lips the brown nipple of her breast
a usnama je poljubio smeđu bradavicu njezine dojke
Looking up, he saw her face smiling
Podigavši pogled, ugledao je njezino lice nasmiješeno
and her eyes were full of lust
a oči su joj bile pune žudnje
Siddhartha also felt desire for her
Siddhartha je također osjetio želju za njom
he felt the source of his sexuality moving
osjećao je kako se kreće izvor njegove spolnosti
but he had never touched a woman before
ali nikad prije nije dotaknuo ženu

so he hesitated for a moment
pa je na trenutak oklijevao
his hands were already prepared to reach out for her
ruke su mu već bile spremne posegnuti za njom
but then he heard the voice of his innermost self
ali onda je čuo glas svoje najdublje duše
he shuddered with awe at his voice
zadrhtao je od strahopoštovanja pred njegovim glasom
and this voice told him no
a ovaj mu je glas rekao ne
all charms disappeared from the young woman's smiling face
nestale su sve čari s nasmijanog lica mlade žene
he no longer saw anything else but a damp glance
više nije vidio ništa drugo osim vlažnog pogleda
all he could see was female animal in heat
sve što je mogao vidjeti bila je ženka u tjeranju
Politely, he petted her cheek
Pristojno ju je pomilovao po obrazu
he turned away from her and disappeared away
okrenuo se od nje i nestao
he left from the disappointed woman with light steps
laganim je koracima otišao od razočarane žene
and he disappeared into the bamboo-wood
i nestao je u bambusovoj šumi

he reached the large city before the evening
stigao je pred večer u veliki grad
and he was happy to have reached the city
i bio je sretan što je stigao u grad
because he felt the need to be among people
jer je osjećao potrebu da bude među ljudima
or a long time, he had lived in the forests
ili dugo vremena, živio je u šumama
for first time in a long time he slept under a roof
prvi put nakon dugo vremena spavao je pod krovom

Before the city was a beautifully fenced garden
Prije je grad bio lijepo ograđen vrt
the traveller came across a small group of servants
putnik je naišao na malu skupinu slugu
the servants were carrying baskets of fruit
sluge su nosile košare s voćem
four servants were carrying an ornamental sedan-chair
četiri sluge nosila su ukrasni sedan-stolac
on this chair sat a woman, the mistress
na ovoj stolici sjedila je žena, gospodarica
she was on red pillows under a colourful canopy
bila je na crvenim jastucima pod šarenim baldahinom
Siddhartha stopped at the entrance to the pleasure-garden
Siddhartha se zaustavio na ulazu u vrt uživanja
and he watched the parade go by
a on je gledao kako prolazi parada
he saw saw the servants and the maids
vidio je vidio sluge i sluškinje
he saw the baskets and the sedan-chair
vidio je košare i sedan-stolicu
and he saw the lady on the chair
i ugleda gospođu na stolici
Under her black hair he saw a very delicate face
Ispod njezine crne kose vidio je vrlo nježno lice
a bright red mouth, like a freshly cracked fig
jarko crvena usta, poput svježe napuknute smokve
eyebrows which were well tended and painted in a high arch
obrve koje su bile njegovane i obojane u visokom luku
they were smart and watchful dark eyes
bile su pametne i budne tamne oči
a clear, tall neck rose from a green and golden garment
jasan, visok vrat dizao se iz zelene i zlatne odjeće
her hands were resting, long and thin
ruke su joj se odmarale, dugačke i tanke
she had wide golden bracelets over her wrists

preko zapešća je imala široke zlatne narukvice
Siddhartha saw how beautiful she was, and his heart rejoiced
Siddhartha je vidio kako je lijepa i srce mu se radovalo
He bowed deeply, when the sedan-chair came closer
Duboko se naklonio kad je sedan-stolica prišla bliže
straightening up again, he looked at the fair, charming face
ponovno se upravivši, pogleda lijepo, dražesno lice
he read her smart eyes with the high arcs
čitao je njezine pametne oči s visokim lukovima
he breathed in a fragrance of something he did not know
udahnuo je miris nečega što nije poznavao
With a smile, the beautiful woman nodded for a moment
S osmijehom je lijepa žena na trenutak kimnula
then she disappeared into the garden
zatim je nestala u vrtu
and then the servants disappeared as well
a onda su i sluge nestale
"I am entering this city with a charming omen" Siddhartha thought
"Ulazim u ovaj grad sa šarmantnim predznakom", pomisli Siddhartha
He instantly felt drawn into the garden
Odmah se osjetio uvučen u vrt
but he thought about his situation
ali razmišljao je o svojoj situaciji
he became aware of how the servants and maids had looked at him
postao je svjestan kako su ga gledali sluge i sluškinje
they thought him despicable, distrustful, and rejected him
smatrali su ga vrijednim prezira, nepovjerljivim i odbacili su ga
"I am still a Samana" he thought
"Ja sam još uvijek Samana", pomislio je
"I am still an ascetic and beggar"
"I dalje sam asketa i prosjak"

"I must not remain like this"
"Ne smijem ostati ovakav"
"I will not be able to enter the garden like this," he laughed
"Neću moći ovako ući u vrt", nasmijao se
he asked the next person who came along the path about the garden
upitao je sljedeću osobu koja je naišla stazom o vrtu
and he asked for the name of the woman
i on upita za ime te žene
he was told that this was the garden of Kamala, the famous courtesan
rečeno mu je da je to vrt Kamale, poznate kurtizane
and he was told that she also owned a house in the city
a rečeno mu je da i ona posjeduje kuću u gradu
Then, he entered the city with a goal
Zatim je ušao u grad s golom
Pursuing his goal, he allowed the city to suck him in
Slijedeći svoj cilj, dopustio je gradu da ga usisa
he drifted through the flow of the streets
plutao je kroz tok ulica
he stood still on the squares in the city
stajao je mirno na trgovima u gradu
he rested on the stairs of stone by the river
odmarao se na kamenim stepenicama pokraj rijeke
When the evening came, he made friends with a barber's assistant
Kad je došla večer, sprijateljio se s brijačkim pomoćnikom
he had seen him working in the shade of an arch
vidio ga je kako radi u sjeni luka
and he found him again praying in a temple of Vishnu
i ponovno ga je pronašao kako moli u Vishnuovom hramu
he told about stories of Vishnu and the Lakshmi
pričao je o pričama o Vishnuu i Lakshmiju
Among the boats by the river, he slept this night
Među čamcima kraj rijeke, prespavao je ovu noć

Siddhartha came to him before the first customers came into his shop
Siddhartha mu je došao prije nego što su prve mušterije ušle u njegovu trgovinu
he had the barber's assistant shave his beard and cut his hair
dao je brijačevu pomoćniku obrijati bradu i ošišati kosu
he combed his hair and anointed it with fine oil
počešljao je kosu i namazao je finim uljem
Then he went to take his bath in the river
Zatim se otišao okupati u rijeci

late in the afternoon, beautiful Kamala approached her garden
kasno poslijepodne, lijepa Kamala približila se svom vrtu
Siddhartha was standing at the entrance again
Siddhartha je ponovno stajao na ulazu
he made a bow and received the courtesan's greeting
nakloni se i primi kurtizanin pozdrav
he got the attention of one of the servant
privukao je pozornost jednog od slugu
he asked him to inform his mistress
zamoli ga da obavijesti njegovu ljubavnicu
"a young Brahman wishes to talk to her"
"mladi Brahman želi razgovarati s njom"
After a while, the servant returned
Nakon nekog vremena sluga se vratio
the servant asked Siddhartha to follow him
sluga je zamolio Siddharthu da ga slijedi
Siddhartha followed the servant into a pavilion
Siddhartha je slijedio slugu u paviljon
here Kamala was lying on a couch
ovdje je Kamala ležala na kauču
and the servant left him alone with her
a sluga ga ostavi samog s njom
"Weren't you also standing out there yesterday, greeting me?" asked Kamala

"Niste li i vi jučer stajali vani i pozdravljali me?" upita Kamala
"It's true that I've already seen and greeted you yesterday"
"Istina je da sam te već jučer vidio i pozdravio"
"But didn't you yesterday wear a beard, and long hair?"
"Ali nisi li jučer nosio bradu i dugu kosu?"
"and was there not dust in your hair?"
"i nije li bilo prašine u tvojoj kosi?"
"You have observed well, you have seen everything"
"Dobro ste promatrali, vidjeli ste sve"
"You have seen Siddhartha, the son of a Brahman"
"Vidio si Siddharthu, sina Brahmana"
"the Brahman who has left his home to become a Samana"
"Brahman koji je napustio svoj dom da postane Samana"
"the Brahman who has been a Samana for three years"
"Brahman koji je Samana tri godine"
"But now, I have left that path and came into this city"
"Ali sada sam napustio taj put i došao u ovaj grad"
"and the first one I met, even before I had entered the city, was you"
"a prvi koga sam sreo, čak i prije nego što sam ušao u grad, bio si ti"
"To say this, I have come to you, oh Kamala!"
"Da to kažem, došao sam k tebi, o Kamala!"
"before, Siddhartha addressed all woman with his eyes to the ground"
"prije se Siddhartha obraćao svim ženama s pogledom uprtim u zemlju"
"You are the first woman whom I address otherwise"
"Ti si prva žena kojoj se inače obraćam"
"Never again do I want to turn my eyes to the ground"
"Nikad više ne želim okrenuti oči u zemlju"
"I won't turn when I'm coming across a beautiful woman"
"Neću se okrenuti kad naiđem na lijepu ženu"
Kamala smiled and played with her fan of peacocks' feathers

Kamala se nasmiješila i igrala svojom lepezom od paunovog perja

"And only to tell me this, Siddhartha has come to me?"
"I samo da mi to kaže, Siddhartha je došao k meni?"
"To tell you this and to thank you for being so beautiful"
"Da ti ovo kažem i da ti zahvalim što si tako lijepa"
"I would like to ask you to be my friend and teacher"
"Želio bih te zamoliti da mi budeš prijatelj i učitelj"
"for I know nothing yet of that art which you have mastered"
"Jer još ništa ne znam o toj umjetnosti kojom si ti ovladao"
At this, Kamala laughed aloud
Na to se Kamala glasno nasmijala
"Never before this has happened to me, my friend"
"Nikad prije mi se ovo nije dogodilo, prijatelju"
"a Samana from the forest came to me and wanted to learn from me!"
"Došao mi je Samana iz šume i želio je učiti od mene!"
"Never before this has happened to me"
"Ovo mi se nikad prije nije dogodilo"
"a Samana came to me with long hair and an old, torn loincloth!"
"Došao mi je Samana s dugom kosom i starim, poderanim pokrivačem!"
"Many young men come to me"
"Mnogi mladići dolaze k meni"
"and there are also sons of Brahmans among them"
"a među njima ima i sinova Brahmana"
"but they come in beautiful clothes"
"ali dolaze u lijepoj odjeći"
"they come in fine shoes"
"dolaze u finim cipelama"
"they have perfume in their hair
"imaju parfem u kosi
"and they have money in their pouches"
"i imaju novac u svojim torbama"
"This is how the young men are like, who come to me"

"Ovakvi su mladići koji mi dolaze"
Spoke Siddhartha, "Already I am starting to learn from you"
Govorio je Siddhartha, "Već počinjem učiti od tebe"
"Even yesterday, I was already learning"
"Još jučer sam već učio"
"I have already taken off my beard"
"Već sam skinuo bradu"
"I have combed the hair"
"Očešljala sam se"
"and I have oil in my hair"
"i ja imam ulje u kosi"
"There is little which is still missing in me"
"Malo mi još nedostaje"
"oh excellent one, fine clothes, fine shoes, money in my pouch"
"Oh super, fina odjeća, fine cipele, novac u mojoj torbici"
"You shall know Siddhartha has set harder goals for himself"
"Znat ćete da je Siddhartha sebi postavio teže ciljeve"
"and he has reached these goals"
"i postigao je te ciljeve"
"How shouldn't I reach that goal?"
"Kako da ne postignem taj cilj?"
"the goal which I have set for myself yesterday"
"cilj koji sam si jučer postavio"
"to be your friend and to learn the joys of love from you"
"biti tvoj prijatelj i učiti radosti ljubavi od tebe"
"You'll see that I'll learn quickly, Kamala"
"Vidjet ćeš da ću brzo naučiti, Kamala"
"I have already learned harder things than what you're supposed to teach me"
"Već sam naučio teže stvari od onoga što bi me ti trebao naučiti"
"And now let's get to it"
"A sad priječimo na to"
"You aren't satisfied with Siddhartha as he is?"

"Nisi zadovoljan Siddharthom onakvim kakav jest?"
"with oil in his hair, but without clothes"
"sa uljem u kosi, ali bez odjeće"
"Siddhartha without shoes, without money"
"Siddhartha bez cipela, bez novca"
Laughing, Kamala exclaimed, "No, my dear"
Smijući se, Kamala je uzviknula: "Ne, draga moja"
"he doesn't satisfy me, yet"
"još me ne zadovoljava"
"Clothes are what he must have"
"Odjeća je ono što mora imati"
"pretty clothes, and shoes is what he needs"
"lijepa odjeća, a cipele su ono što mu treba"
"pretty shoes, and lots of money in his pouch"
"lijepe cipele, i puno novca u torbi"
"and he must have gifts for Kamala"
"i mora imati darove za Kamala"
"Do you know it now, Samana from the forest?"
"Znaš li to sada, Samana iz šume?"
"Did you mark my words?"
"Jesi li zapamtio moje riječi?"
"Yes, I have marked your words," Siddhartha exclaimed
"Da, označio sam tvoje riječi", uzvikne Siddhartha
"How should I not mark words which are coming from such a mouth!"
"Kako da ne obilježavam riječi koje dolaze iz takvih usta!"
"Your mouth is like a freshly cracked fig, Kamala"
"Tvoja usta su kao svježe napuknuta smokva, Kamala"
"My mouth is red and fresh as well"
"Usta su mi crvena i svježa"
"it will be a suitable match for yours, you'll see"
"to će biti prikladan spoj za tvoje, vidjet ćeš"
"But tell me, beautiful Kamala"
"Ali reci mi, lijepa Kamala"
"aren't you at all afraid of the Samana from the forest""
"zar se nimalo ne bojiš Samana iz šume"

"the Samana who has come to learn how to make love"
"Samana koja je došla naučiti kako voditi ljubav"
"Whatever for should I be afraid of a Samana?"
"Zašto bih se trebao bojati Samane?"
"a stupid Samana from the forest"
"glupa Samana iz šume"
"a Samana who is coming from the jackals"
"samana koji dolazi od šakala"
"a Samana who doesn't even know yet what women are?"
"Samana koja još uopće ne zna što su žene?"
"Oh, he's strong, the Samana"
"Oh, on je jak, Samana"
"and he isn't afraid of anything"
"i ne boji se ničega"
"He could force you, beautiful girl"
"Mogao bi te prisiliti, lijepa djevojko"
"He could kidnap you and hurt you"
"Mogao bi te oteti i ozlijediti"
"No, Samana, I am not afraid of this"
"Ne, Samana, ne bojim se ovoga"
"Did any Samana or Brahman ever fear someone might come and grab him?"
"Je li se neki Samana ili Brahman ikada bojao da bi ga netko mogao zgrabiti?"
"could he fear someone steals his learning?
"Može li se bojati da će mu netko ukrasti učenje?"
"could anyone take his religious devotion"
"može li itko preuzeti njegovu vjersku predanost"
"is it possible to take his depth of thought?
"je li moguće uzeti njegovu dubinu misli?
"No, because these things are his very own"
"Ne, jer su te stvari njegove"
"he would only give away the knowledge he is willing to give"
"dao bi samo znanje koje je spreman dati"
"he would only give to those he is willing to give to"

"dao bi samo onima kojima je spreman dati"
"precisely like this it is also with Kamala"
"upravo tako je i sa Kamalom"
"and it is the same way with the pleasures of love"
"Isto je tako i sa zadovoljstvima ljubavi"
"Beautiful and red is Kamala's mouth," answered Siddhartha
"Lijepa su i crvena Kamalina usta", odgovori Siddhartha
"but don't try to kiss it against Kamala's will"
"ali ne pokušavaj ga poljubiti protiv Kamaline volje"
"because you will not obtain a single drop of sweetness from it"
"jer od njega nećeš dobiti ni kap slatkoće"
"You are learning easily, Siddhartha"
"Lako učiš, Siddhartha"
"you should also learn this"
"i ovo bi trebao naučiti"
"love can be obtained by begging, buying"
"Ljubav se može dobiti prošnjom, kupovinom"
"you can receive it as a gift"
"možete ga dobiti na poklon"
"or you can find it in the street"
"ili ga možete pronaći na ulici"
"but love cannot be stolen"
"ali ljubav se ne može ukrasti"
"In this, you have come up with the wrong path"
"U ovome ste došli na krivi put"
"it would be a pity if you would want to tackle love in such a wrong manner"
"Bila bi šteta da se s ljubavlju želiš uhvatiti u koštac na tako pogrešan način"
Siddhartha bowed with a smile
Siddhartha se nakloni s osmijehom
"It would be a pity, Kamala, you are so right"
"Bila bi šteta, Kamala, u pravu si"
"It would be such a great pity"
"Bila bi to velika šteta"

"No, I shall not lose a single drop of sweetness from your mouth"
"Ne, neću izgubiti ni jednu kap slatkoće iz tvojih usta"
"nor shall you lose sweetness from my mouth"
"niti ćeš izgubiti slatkoću iz mojih usta"
"So it is agreed. Siddhartha will return"
"Tako je dogovoreno. Siddhartha će se vratiti"
"Siddhartha will return once he has what he still lacks"
"Siddhartha će se vratiti kada bude imao ono što mu još nedostaje"
"he will come back with clothes, shoes, and money"
"vratit će se s odjećom, obućom i novcem"
"But speak, lovely Kamala, couldn't you still give me one small advice?"
"Ali govori, ljupka Kamala, ne bi li mi ipak mogla dati jedan mali savjet?"
"Give you an advice? Why not?"
"Da ti dam savjet? Zašto ne?"
"Who wouldn't like to give advice to a poor, ignorant Samana?"
"Tko ne bi volio davati savjete jadnom, neukom Samani?"
"Dear Kamala, where I should go to find these three things most quickly?"
"Draga Kamala, gdje bih trebao otići da najbrže pronađem ove tri stvari?"
"Friend, many would like to know this"
"Prijatelju, mnogi bi to htjeli znati"
"You must do what you've learned and ask for money"
"Moraš raditi ono što si naučio i tražiti novac"
"There is no other way for a poor man to obtain money"
"Nema drugog načina da siromah dođe do novca"
"What might you be able to do?"
"Što biste mogli učiniti?"
"I can think. I can wait. I can fast" said Siddhartha
"Mogu misliti. Mogu čekati. Mogu postiti", reče Siddhartha
"Nothing else?" asked Kamala

"Ništa drugo?" upita Kamala
"yes, I can also write poetry"
"da, znam i pisati poeziju"
"Would you like to give me a kiss for a poem?"
"Hoćeš li me poljubiti za pjesmu?"
"I would like to, if I like your poem"
"Volio bih, ako mi se sviđa tvoja pjesma"
"What would be its title?"
"Koji bi mu bio naslov?"
Siddhartha spoke, after he had thought about it for a moment
Siddhartha je progovorio, nakon što je na trenutak razmislio o tome
"Into her shady garden stepped the pretty Kamala"
"U svoj sjenoviti vrt zakoračila je lijepa Kamala"
"At the garden's entrance stood the brown Samana"
"Na ulazu u vrt stajala je smeđa Samana"
"Deeply, seeing the lotus's blossom, Bowed that man"
"Duboko, vidjevši lotosov cvijet, poklonio se taj čovjek"
"and smiling, Kamala thanked him"
"i smiješeći se, Kamala mu je zahvalila"
"More lovely, thought the young man, than offerings for gods"
"Ljepše, pomisli mladić, od prinosa bogovima"
Kamala clapped her hands so loud that the golden bracelets clanged
Kamala je pljesnula rukama tako glasno da su zlatne narukvice zveckale
"Beautiful are your verses, oh brown Samana"
"Lijepi su tvoji stihovi, o smeđa Samana"
"and truly, I'm losing nothing when I'm giving you a kiss for them"
"i zaista, ništa ne gubim kad ti dajem poljubac za njih"
She beckoned him with her eyes
Pozvala ga je pogledom
he tilted his head so that his face touched hers

nagnuo je glavu tako da mu je lice dotaklo njezino
and he placed his mouth on her mouth
a on položi svoja usta na njezina usta
the mouth which was like a freshly cracked fig
usta koja su bila poput svježe napuknute smokve
For a long time, Kamala kissed him
Kamala ga je dugo ljubila
and with a deep astonishment Siddhartha felt how she taught him
i s dubokim čuđenjem Siddhartha osjeti kako ga je poučavala
he felt how wise she was
osjetio je koliko je mudra
he felt how she controlled him
osjećao je kako ona njime upravlja
he felt how she rejected him
osjetio je kako ga je odbila
he felt how she lured him
osjetio je kako ga je namamila
and he felt how there were to be more kisses
i osjetio je kako će poljubaca biti još
every kiss was different from the others
svaki je poljubac bio drugačiji od ostalih
he was still, when he received the kisses
bio je miran, kad je primao poljupce
Breathing deeply, he remained standing where he was
Duboko dišući, ostao je stajati gdje je bio
he was astonished like a child about the things worth learning
bio je zapanjen poput djeteta stvarima koje vrijedi naučiti
the knowledge revealed itself before his eyes
spoznaja mu se otkrila pred očima
"Very beautiful are your verses" exclaimed Kamala
"Vrlo su lijepi tvoji stihovi", uzvikne Kamala
"if I were rich, I would give you pieces of gold for them"
"Da sam bogat, dao bih ti zlatnike za njih"

"But it will be difficult for you to earn enough money with verses"
"Ali teško ćeš stihovima zaraditi dovoljno novca"
"because you need a lot of money, if you want to be Kamala's friend"
"jer ti treba mnogo novca, ako želiš biti Kamalin prijatelj"
"The way you're able to kiss, Kamala!" stammered Siddhartha
"Način na koji se znaš ljubiti, Kamala!" promuca Siddhartha
"Yes, this I am able to do"
"Da, to mogu učiniti"
"therefore I do not lack clothes, shoes, bracelets"
"zato mi ne nedostaje odjeće, obuće, narukvica"
"I have all the beautiful things"
"Imam sve lijepe stvari"
"But what will become of you?"
"Ali što će biti s tobom?"
"Aren't you able to do anything else?"
"Zar nisi u stanju učiniti ništa drugo?"
"can you do more than think, fast, and make poetry?"
"možeš li učiniti više od razmišljanja, brzog i stvaranja poezije?"
"I also know the sacrificial songs" said Siddhartha
"Znam i žrtvene pjesme", rekao je Siddhartha
"but I do not want to sing those songs anymore"
"ali ne želim više pjevati te pjesme"
"I also know how to make magic spells"
"Također znam napraviti magične čini"
"but I do not want to speak them anymore"
"ali ne želim ih više govoriti"
"I have read the scriptures"
"Pročitao sam sveto pismo"
"Stop!" Kamala interrupted him
"Stop!" Kamala ga je prekinula
"You're able to read and write?"
"Znaš li čitati i pisati?"

"Certainly, I can do this, many people can"
"Svakako, ja to mogu, mnogi ljudi mogu"
"Most people can't," Kamala replied
"Većina ljudi ne može", odgovorila je Kamala
"I am also one of those who can't do it"
"I ja sam jedan od onih koji to ne mogu"
"It is very good that you're able to read and write"
"Jako je dobro što znaš čitati i pisati"
"you will also find use for the magic spells"
"također ćeš naći koristi za magične čarolije"
In this moment, a maid came running in
U tom trenutku dotrčala je sluškinja
she whispered a message into her mistress's ear
šapnula je poruku svojoj gospodarici na uho
"There's a visitor for me" exclaimed Kamala
"Došao mi je posjetitelj", uzvikne Kamala
"Hurry and get yourself away, Siddhartha"
"Požuri i skloni se, Siddhartha"
"nobody may see you in here, remember this!"
"nitko te ne smije vidjeti ovdje, zapamti ovo!"
"Tomorrow, I'll see you again"
"Sutra se vidimo opet"
Kamala ordered her maid to give Siddhartha white garments
Kamala je naredila svojoj sluškinji da Siddharthi da bijelu odjeću
and then Siddhartha found himself being dragged away by the maid
a onda se Siddhartha našao kako ga sluškinja odvlači
he was brought into a garden-house out of sight of any paths
doveden je u vrtnu kućicu izvan vidokruga bilo kakvih staza
then he was led into the bushes of the garden
zatim je odveden u grmlje vrta
he was urged to get himself out of the garden as soon as possible
nagovarali su ga da se što prije izvuče iz vrta
and he was told he must not be seen

i rečeno mu je da se ne smije vidjeti
he did as he had been told
učinio je kako mu je rečeno
he was accustomed to the forest
bio je navikao na šumu
so he managed to get out without making a sound
pa se uspio izvući ne ispustivši ni glasa

he returned to the city carrying the rolled up garments under his arm
vratio se u grad noseći smotanu odjeću ispod ruke
At the inn, where travellers stay, he positioned himself by the door
U gostionici, gdje odsjedaju putnici, smjestio se kraj vrata
without words he asked for food
bez riječi je tražio hranu
without a word he accepted a piece of rice-cake
bez riječi je prihvatio komad rižinog kolača
he thought about how he had always begged
pomislio je kako je oduvijek prosio
"Perhaps as soon as tomorrow I will ask no one for food anymore"
"Možda već sutra neću više nikoga tražiti hranu"
Suddenly, pride flared up in him
Odjednom se u njemu razbuktao ponos
He was no Samana any more
On više nije bio Samana
it was no longer appropriate for him to beg for food
nije mu više priličilo moliti za hranu
he gave the rice-cake to a dog
dao je kolač od riže psu
and that night he remained without food
i tu noć je ostao bez hrane
Siddhartha thought to himself about the city
Siddhartha je u sebi razmišljao o gradu
"Simple is the life which people lead in this world"

"Jednostavan je život koji ljudi vode na ovom svijetu"
"this life presents no difficulties"
"ovaj život ne predstavlja nikakve poteškoće"
"Everything was difficult and toilsome when I was a Samana"
"Sve je bilo teško i mukotrpno kad sam ja bio Samana"
"as a Samana everything was hopeless"
"kao Samana sve je bilo beznadno"
"but now everything is easy"
"ali sada je sve lako"
"it is easy like the lesson in kissing from Kamala"
"lako je kao lekcija ljubljenja iz Kamale"
"I need clothes and money, nothing else"
"Trebam odjeću i novac, ništa drugo"
"these goals are small and achievable"
"ovi ciljevi su mali i dostižni"
"such goals won't make a person lose any sleep"
"takvi ciljevi neće natjerati osobu da izgubi san"

the next day he returned to Kamala's house
sutradan se vratio u Kamalinu kuću
"Things are working out well" she called out to him
"Stvari dobro funkcioniraju", doviknula mu je
"They are expecting you at Kamaswami's"
"Očekuju te kod Kamaswamija"
"he is the richest merchant of the city"
"on je najbogatiji trgovac u gradu"
"If he likes you, he'll accept you into his service"
"Ako mu se sviđaš, primit će te u svoju službu"
"but you must be smart, brown Samana"
"ali mora da si pametan, smeđa Samana"
"I had others tell him about you"
"Drugi su mu rekli za tebe"
"Be polite towards him, he is very powerful"
"Budi ljubazan prema njemu, on je vrlo moćan"
"But I warn you, don't be too modest!"

"Ali upozoravam te, nemoj biti preskroman!"
"I do not want you to become his servant"
"Ne želim da postaneš njegov sluga"
"you shall become his equal"
"postat ćeš mu jednak"
"or else I won't be satisfied with you"
"inače neću biti zadovoljan s tobom"
"Kamaswami is starting to get old and lazy"
"Kamaswami počinje stariti i lijeniti se"
"If he likes you, he'll entrust you with a lot"
"Ako mu se sviđaš, povjerit će ti mnogo toga"
Siddhartha thanked her and laughed
Siddhartha joj je zahvalio i nasmijao se
she found out that he had not eaten
saznala je da nije jeo
so she sent him bread and fruits
pa mu je poslala kruha i voća
"You've been lucky" she said when they parted
Imao si sreće, rekla je kad su se rastajali
"I'm opening one door after another for you"
"Otvaram ti jedna vrata za drugim"
"How come? Do you have a spell?"
"Kako to? Imate li čaroliju?"
"I told you I knew how to think, to wait, and to fast"
"Rekao sam ti da znam razmišljati, čekati i postiti"
"but you thought this was of no use"
"ali mislio si da ovo nema koristi"
"But it is useful for many things"
"Ali koristan je za mnoge stvari"
"Kamala, you'll see that the stupid Samanas are good at learning"
"Kamala, vidjet ćeš da su glupe Samane dobre u učenju"
"you'll see they are able to do many pretty things in the forest"
"Vidjet ćeš da mogu učiniti mnogo lijepih stvari u šumi"
"things which the likes of you aren't capable of"

"stvari za koje takvi kao ti nisu sposobni"
"The day before yesterday, I was still a shaggy beggar"
"Još sam prekjučer bio čupavi prosjak"
"as recently as yesterday I have kissed Kamala"
"Još jučer sam poljubio Kamalu"
"and soon I'll be a merchant and have money"
"i uskoro ću biti trgovac i imati novaca"
"and I'll have all those things you insist upon"
"i ja ću imati sve te stvari na kojima inzistiraš"
"Well yes," she admitted, "but where would you be without me?"
"Pa da", priznala je, "ali gdje bi ti bio bez mene?"
"What would you be, if Kamala wasn't helping you?"
"Što bi ti bio da ti Kamala ne pomaže?"
"Dear Kamala" said Siddhartha
"Draga Kamala", reče Siddhartha
and he straightened up to his full height
a on se uspravio do svoje pune visine
"when I came to you into your garden, I did the first step"
"Kada sam došao k tebi u tvoj vrt, napravio sam prvi korak"
"It was my resolution to learn love from this most beautiful woman"
"Moja je odluka bila naučiti ljubav od ove najljepše žene"
"that moment I had made this resolution"
"toga sam trenutka donio ovu odluku"
"and I knew I would carry it out"
"i znao sam da ću to izvesti"
"I knew that you would help me"
"Znao sam da ćeš mi pomoći"
"at your first glance at the entrance of the garden I already knew it"
"na tvoj prvi pogled na ulazu u vrt već sam to znao"
"But what if I hadn't been willing?" asked Kamala
"Ali što da nisam bio voljan?" upita Kamala
"You were willing" replied Siddhartha
"Bio si voljan", odgovori Siddhartha

"When you throw a rock into water, it takes the fastest course to the bottom"
"Kad kamen baciš u vodu, on ide najbržim putem do dna"
"This is how it is when Siddhartha has a goal"
"Tako je to kad Siddhartha ima cilj"
"Siddhartha does nothing; he waits, he thinks, he fasts"
"Siddhartha ne radi ništa; on čeka, on razmišlja, on posti"
"but he passes through the things of the world like a rock through water"
"ali on prolazi kroz stvari svijeta kao stijena kroz vodu"
"he passed through the water without doing anything"
"prošao je kroz vodu ne poduzevši ništa"
"he is drawn to the bottom of the water"
"povučen je na dno vode"
"he lets himself fall to the bottom of the water"
"pustio se na dno vode"
"His goal attracts him towards it"
"Njegov cilj ga privlači k sebi"
"he doesn't let anything enter his soul which might oppose the goal"
"ne dopušta da mu u dušu uđe ništa što bi se moglo suprotstaviti cilju"
"This is what Siddhartha has learned among the Samanas"
"Ovo je ono što je Siddhartha naučio među Samanasima"
"This is what fools call magic"
"Ovo budale nazivaju magijom"
"they think it is done by daemons"
"oni misle da to rade demoni"
"but nothing is done by daemons"
"ali ništa ne rade demoni"
"there are no daemons in this world"
"nema demona na ovom svijetu"
"Everyone can perform magic, should they choose to"
"Svatko može izvoditi magiju, ako to želi"
"everyone can reach his goals if he is able to think"
"svatko može postići svoje ciljeve ako je sposoban razmišljati"

"everyone can reach his goals if he is able to wait"
"svatko može postići svoje ciljeve ako je sposoban čekati"
"everyone can reach his goals if he is able to fast"
"svatko može postići svoje ciljeve ako je u stanju postiti"
Kamala listened to him; she loved his voice
Kamala ga je poslušala; voljela je njegov glas
she loved the look from his eyes
voljela je pogled njegovih očiju
"Perhaps it is as you say, friend"
"Možda je tako kako kažeš, prijatelju"
"But perhaps there is another explanation"
"Ali možda postoji drugo objašnjenje"
"Siddhartha is a handsome man"
"Siddhartha je zgodan muškarac"
"his glance pleases the women"
"njegov pogled godi ženama"
"good fortune comes towards him because of this"
"sreća mu dolazi zbog ovoga"
With one kiss, Siddhartha bid his farewell
Jednim poljupcem, Siddhartha se oprostio
"I wish that it should be this way, my teacher"
"Volio bih da tako bude, učitelju moj"
"I wish that my glance shall please you"
"Želim da ti moj pogled ugodi"
"I wish that that you always bring me good fortune"
"Želim da mi uvijek donosiš sreću"

With the Childlike People
S djetinjastim ljudima

Siddhartha went to Kamaswami the merchant
Siddhartha je otišao kod trgovca Kamaswamija
he was directed into a rich house
uputili su ga u bogatu kuću
servants led him between precious carpets into a chamber
sluge su ga odvele između dragocjenih tepiha u odaju
in the chamber was where he awaited the master of the house
u komori je čekao gospodara kuće
Kamaswami entered swiftly into the room
Kamaswami je brzo ušao u sobu
he was a smoothly moving man
bio je čovjek koji se glatko kretao
he had very gray hair and very intelligent, cautious eyes
imao je vrlo sijedu kosu i vrlo inteligentne, oprezne oči
and he had a greedy mouth
a imao je pohlepna usta
Politely, the host and the guest greeted one another
Ljubazno su se domaćin i gost pozdravili
"I have been told that you were a Brahman" the merchant began
"Rečeno mi je da si ti Brahman", započeo je trgovac
"I have been told that you are a learned man"
"Rečeno mi je da ste vi učen čovjek"
"and I have also been told something else"
"i rečeno mi je još nešto"
"you seek to be in the service of a merchant"
"Tražite biti u službi trgovca"
"Might you have become destitute, Brahman, so that you seek to serve?"
"Možda si oskudijevao, Brahmane, pa tražiš služiti?"
"No," said Siddhartha, "I have not become destitute"
"Ne", rekao je Siddhartha, "nisam oskudijevao"

"nor have I ever been destitute" added Siddhartha
"niti sam ikada bio siromašan", dodao je Siddhartha
"You should know that I'm coming from the Samanas"
"Trebao bi znati da ja dolazim iz Samanasa"
"I have lived with them for a long time"
"Dugo živim s njima"
"you are coming from the Samanas"
"ti dolaziš iz Samanasa"
"how could you be anything but destitute?"
"kako možeš biti išta osim oskudice?"
"Aren't the Samanas entirely without possessions?"
"Nisu li Samane posve bez posjeda?"
"I am without possessions, if that is what you mean" said Siddhartha
"Ja sam bez posjeda, ako je to ono što mislite", rekao je Siddhartha
"But I am without possessions voluntarily"
"Ali ja sam dobrovoljno bez imovine"
"and therefore I am not destitute"
"i stoga nisam oskudan"
"But what are you planning to live from, being without possessions?"
"Ali od čega planiraš živjeti, biti bez imanja?"
"I haven't thought of this yet, sir"
"O ovome se još nisam sjetio, gospodine"
"For more than three years, I have been without possessions"
"Više od tri godine sam bez imovine"
"and I have never thought about of what I should live"
"i nikad nisam razmišljao o tome što bih trebao živjeti"
"So you've lived of the possessions of others"
"Znači živio si od tuđeg vlasništva"
"Presumable, this is how it is?"
"Vjerojatno, ovako je?"
"Well, merchants also live of what other people own"
"Pa i trgovci žive od onoga što drugi ljudi posjeduju"
"Well said," granted the merchant

"Dobro rečeno", odobri trgovac
"But he wouldn't take anything from another person for nothing"
"Ali ne bi uzeo ništa od druge osobe za ništa"
"he would give his merchandise in return" said Kamaswami
"dao bi svoju robu zauzvrat", rekao je Kamaswami
"So it seems to be indeed"
"Čini se da je tako"
"Everyone takes, everyone gives, such is life"
"Svi uzimaju, svi daju, takav je život"
"But if you don't mind me asking, I have a question"
"Ali ako vam ne smeta što pitam, imam pitanje"
"being without possessions, what would you like to give?"
"Budući da ste bez imovine, što biste željeli dati?"
"Everyone gives what he has"
"Svako daje ono što ima"
"The warrior gives strength"
"Ratnik daje snagu"
"the merchant gives merchandise"
"trgovac daje robu"
"the teacher gives teachings"
"učitelj predaje"
"the farmer gives rice"
"seljak daje rižu"
"the fisher gives fish"
"ribar daje ribu"
"Yes indeed. And what is it that you've got to give?"
"Da, doista. A što je to što imaš za dati?"
"What is it that you've learned?"
"Što si naučio?"
"what you're able to do?"
"što možeš učiniti?"
"I can think. I can wait. I can fast"
"Mogu misliti. Mogu čekati. Mogu postiti"
"That's everything?" asked Kamaswami
"To je sve?" upitao je Kamaswami

"I believe that is everything there is!"
"Vjerujem da je to sve što postoji!"
"And what's the use of that?"
— A kakva je korist od toga?
"For example; fasting. What is it good for?"
"Na primjer; post. Za što je dobar?"
"It is very good, sir"
"Vrlo je dobro, gospodine"
"there are times a person has nothing to eat"
"Postoje trenuci kada osoba nema što jesti"
"then fasting is the smartest thing he can do"
"onda je post najpametnije što može učiniti"
"there was a time where Siddhartha hadn't learned to fast"
"Bilo je vrijeme kada Siddhartha nije naučio postiti"
"in this time he had to accept any kind of service"
"u ovom vremenu je morao prihvatiti bilo kakvu uslugu"
"because hunger would force him to accept the service"
"jer bi ga glad natjerala da prihvati službu"
"But like this, Siddhartha can wait calmly"
"Ali ovako, Siddhartha može mirno čekati"
"he knows no impatience, he knows no emergency"
"on ne poznaje nestrpljenje, on ne poznaje hitne slučajeve"
"for a long time he can allow hunger to besiege him"
"dugo vremena može dopustiti gladi da ga opsjeda"
"and he can laugh about the hunger"
"i može se smijati gladi"
"This, sir, is what fasting is good for"
"Za ovo je, gospodine, dobar post"
"You're right, Samana" acknowledged Kamaswami
"U pravu si, Samana", priznao je Kamaswami
"Wait for a moment" he asked of his guest
"Čekaj malo", upitao je svog gosta
Kamaswami left the room and returned with a scroll
Kamaswami je napustio sobu i vratio se sa svitkom
he handed Siddhartha the scroll and asked him to read it
pružio je Siddharthu svitak i zamolio ga da ga pročita

Siddhartha looked at the scroll handed to him
Siddhartha je pogledao svitak koji mu je pružen
on the scroll a sales-contract had been written
na svitku je bio napisan kupoprodajni ugovor
he began to read out the scroll's contents
počeo je čitati sadržaj svitka
Kamaswami was very pleased with Siddhartha
Kamaswami je bio vrlo zadovoljan Siddharthom
"would you write something for me on this piece of paper?"
"bi li mi nešto napisao na ovom komadu papira?"
He handed him a piece of paper and a pen
Pružio mu je komad papira i olovku
Siddhartha wrote, and returned the paper
Siddhartha je napisao i vratio papir
Kamaswami read, "Writing is good, thinking is better"
Kamaswami je pročitao: "Pisanje je dobro, razmišljanje je bolje"
"Being smart is good, being patient is better"
"Dobro je biti pametan, bolje je biti strpljiv"
"It is excellent how you're able to write" the merchant praised him
"Izvrsno kako znaš pisati", pohvalio ga je trgovac
"Many a thing we will still have to discuss with one another"
"Mnogo ćemo stvari još morati raspraviti jedno s drugim"
"For today, I'm asking you to be my guest"
"Za danas te molim da budeš moj gost"
"please come to live in this house"
"molim te dođi živjeti u ovu kuću"
Siddhartha thanked Kamaswami and accepted his offer
Siddhartha je zahvalio Kamaswamiju i prihvatio njegovu ponudu
he lived in the dealer's house from now on
živio je od sada u trgovčevoj kući
Clothes were brought to him, and shoes
Nosili su mu odjeću i obuću
and every day, a servant prepared a bath for him
a svaki dan mu je sluga pripremao kupku

Twice a day, a plentiful meal was served
Dva puta dnevno služio se obilan obrok
but Siddhartha only ate once a day
ali Siddhartha je jeo samo jednom dnevno
and he ate neither meat, nor did he drink wine
i nije jeo mesa niti je pio vina
Kamaswami told him about his trade
Kamaswami mu je ispričao o svom zanatu
he showed him the merchandise and storage-rooms
pokazao mu je robu i skladišta
he showed him how the calculations were done
pokazao mu je kako se rade proračuni
Siddhartha got to know many new things
Siddhartha je upoznao mnoge nove stvari
he heard a lot and spoke little
mnogo je čuo, a malo govorio
but he did not forget Kamala's words
ali nije zaboravio Kamaline riječi
so he was never subservient to the merchant
pa nikada nije bio podložan trgovcu
he forced him to treat him as an equal
prisilio ga je da se prema njemu ponaša kao prema ravnopravnom
perhaps he forced him to treat him as even more than an equal
možda ga je prisilio da se prema njemu ponaša kao čak i više od ravnopravnog
Kamaswami conducted his business with care
Kamaswami je pažljivo vodio svoj posao
and he was very passionate about his business
i bio je vrlo strastven u svom poslu
but Siddhartha looked upon all of this as if it was a game
ali Siddhartha je na sve ovo gledao kao na igru
he tried hard to learn the rules of the game precisely
trudio se precizno naučiti pravila igre

but the contents of the game did not touch his heart
ali sadržaj igre nije mu dirnuo srce
He had not been in Kamaswami's house for long
Nije dugo bio u Kamaswamijevoj kući
but soon he took part in his landlord's business
ali ubrzo je sudjelovao u poslovima svog posjednika

every day he visited beautiful Kamala
svaki je dan posjećivao lijepu Kamalu
Kamala had an hour appointed for their meetings
Kamala je imala sat vremena za njihove sastanke
she was wearing pretty clothes and fine shoes
nosila je lijepu odjeću i fine cipele
and soon he brought her gifts as well
a uskoro joj je donio i darove
Much he learned from her red, smart mouth
Mnogo je naučio iz njezinih crvenih, pametnih usta
Much he learned from her tender, supple hand
Mnogo je naučio od njezine nježne, gipke ruke
regarding love, Siddhartha was still a boy
što se tiče ljubavi, Siddhartha je još bio dječak
and he had a tendency to plunge into love blindly
i imao je sklonost slijepo uroniti u ljubav
he fell into lust like into a bottomless pit
pao je u požudu kao u rupu bez dna
she taught him thoroughly, starting with the basics
podučila ga je temeljito, počevši od osnova
pleasure cannot be taken without giving pleasure
zadovoljstvo se ne može uzeti bez pružanja zadovoljstva
every gesture, every caress, every touch, every look
svaka gesta, svako milovanje, svaki dodir, svaki pogled
every spot of the body, however small it was, had its secret
svaka točka na tijelu, koliko god mala bila, imala je svoju tajnu
the secrets would bring happiness to those who know them
tajne bi donijele sreću onima koji ih znaju
lovers must not part from one another after celebrating love

ljubavnici se ne smiju rastajati nakon slavljenja ljubavi
they must not part without one admiring the other
ne smiju se rastati a da se jedan drugom ne divi
they must be as defeated as they have been victorious
moraju biti jednako poraženi kao što su bili i pobjednici
neither lover should start feeling fed up or bored
niti jedan ljubavnik ne bi trebao početi osjećati sitost ili dosadu
they should not get the evil feeling of having been abusive
ne bi trebali imati zao osjećaj da su bili zlostavljači
and they should not feel like they have been abused
i ne bi se trebali osjećati kao da su zlostavljani
Wonderful hours he spent with the beautiful and smart artist
Prekrasni sati koje je proveo s lijepom i pametnom umjetnicom
he became her student, her lover, her friend
postao je njezin student, njezin ljubavnik, njezin prijatelj
Here with Kamala was the worth and purpose of his present life
Ovdje s Kamalom bila je vrijednost i svrha njegovog sadašnjeg života
his purpose was not with the business of Kamaswami
njegova svrha nije bila poslovanje s Kamaswamijem

Siddhartha received important letters and contracts
Siddhartha je primao važna pisma i ugovore
Kamaswami began discussing all important affairs with him
Kamaswami je s njim počeo razgovarati o svim važnim stvarima
He soon saw that Siddhartha knew little about rice and wool
Uskoro je vidio da Siddhartha malo zna o riži i vuni
but he saw that he acted in a fortunate manner
ali je vidio da je postupio na sretan način
and Siddhartha surpassed him in calmness and equanimity
a Siddhartha ga je nadmašio smirenošću i staloženošću

he surpassed him in the art of understanding previously unknown people
nadmašio ga je u umijeću razumijevanja do tada nepoznatih ljudi
Kamaswami spoke about Siddhartha to a friend
Kamaswami je govorio o Siddharthi prijatelju
"This Brahman is no proper merchant"
"Ovaj Brahman nije pravi trgovac"
"he will never be a merchant"
"on nikad neće biti trgovac"
"for business there is never any passion in his soul"
"za posao u njegovoj duši nikad nema strasti"
"But he has a mysterious quality about him"
"Ali on ima tajanstvenu kvalitetu u sebi"
"this quality brings success about all by itself"
"ova kvaliteta sama po sebi donosi uspjeh"
"it could be from a good Star of his birth"
"moglo bi biti od dobre zvijezde njegovog rođenja"
"or it could be something he has learned among Samanas"
"ili bi to moglo biti nešto što je naučio među samanima"
"He always seems to be merely playing with our business-affairs"
"Čini se da se uvijek samo igra s našim poslovima"
"his business never fully becomes a part of him"
"njegov posao nikad u potpunosti ne postane dio njega"
"his business never rules over him"
"njegov posao nikad ne vlada njime"
"he is never afraid of failure"
"on se nikad ne boji neuspjeha"
"he is never upset by a loss"
"nikad se ne uzrujava zbog gubitka"
The friend advised the merchant
Prijatelj je savjetovao trgovca
"Give him a third of the profits he makes for you"
"Daj mu trećinu zarade koju zaradi za tebe"
"but let him also be liable when there are losses"

"ali neka odgovara i kad ima gubitaka"
"Then, he'll become more zealous"
"Tada će postati revniji"
Kamaswami was curious, and followed the advice
Kamaswami je bio znatiželjan i poslušao je savjet
But Siddhartha cared little about loses or profits
Ali Siddhartha nije mario za gubitke ili zarade
When he made a profit, he accepted it with equanimity
Kad je zaradio, prihvatio ga je smireno
when he made losses, he laughed it off
kad je napravio gubitke, smijao se tome
It seemed indeed, as if he did not care about the business
Činilo se doista, kao da mu nije stalo do posla
At one time, he travelled to a village
Jednom je putovao u jedno selo
he went there to buy a large harvest of rice
otišao je tamo kupiti veliku žetvu riže
But when he got there, the rice had already been sold
Ali kad je stigao tamo, riža je već bila prodana
another merchant had gotten to the village before him
drugi je trgovac stigao u selo prije njega
Nevertheless, Siddhartha stayed for several days in that village
Ipak, Siddhartha je ostao nekoliko dana u tom selu
he treated the farmers for a drink
častio je farmere pićem
he gave copper-coins to their children
dao je bakrene novčiće njihovoj djeci
he joined in the celebration of a wedding
pridružio se slavlju jednog vjenčanja
and he returned extremely satisfied from his trip
i vratio se izuzetno zadovoljan sa svog putovanja
Kamaswami was angry that Siddhartha had wasted time and money
Kamaswami je bio ljut što je Siddhartha uzalud potrošio vrijeme i novac

Siddhartha answered "Stop scolding, dear friend!"
Siddhartha je odgovorio: "Prestani grditi, dragi prijatelju!"
"Nothing was ever achieved by scolding"
"Nikad se ništa nije postiglo grdnjom"
"If a loss has occurred, let me bear that loss"
"Ako je došlo do gubitka, neka ja snosim taj gubitak"
"I am very satisfied with this trip"
"Jako sam zadovoljan ovim putovanjem"
"I have gotten to know many kinds of people"
"Upoznao sam mnoge vrste ljudi"
"a Brahman has become my friend"
"Brahman je postao moj prijatelj"
"children have sat on my knees"
"djeca su mi sjedila na koljenima"
"farmers have shown me their fields"
"farmeri su mi pokazali svoja polja"
"nobody knew that I was a merchant"
"Nitko nije znao da sam trgovac"
"That's all very nice," exclaimed Kamaswami indignantly
"Sve je to jako lijepo", uvrijeđeno je uzviknuo Kamaswami
"but in fact, you are a merchant after all"
"ali zapravo, ti si ipak trgovac"
"Or did you have only travel for your amusement?"
"Ili ste putovali samo za svoju zabavu?"
"of course I have travelled for my amusement" Siddhartha laughed
"Naravno da sam putovao iz svoje zabave" Siddhartha se nasmijao
"For what else would I have travelled?"
"Za što bih inače putovao?"
"I have gotten to know people and places"
"Upoznao sam ljude i mjesta"
"I have received kindness and trust"
"Dobio sam dobrotu i povjerenje"
"I have found friendships in this village"
"U ovom selu sam našao prijateljstva"

"if I had been Kamaswami, I would have travelled back annoyed"
"Da sam bio Kamaswami, vratio bih se iznerviran"
"I would have been in hurry as soon as my purchase failed"
"Bio bih požurio čim mi kupnja nije uspjela"
"and time and money would indeed have been lost"
"i vrijeme i novac bi doista bili izgubljeni"
"But like this, I've had a few good days"
"Ali ovako, imao sam nekoliko dobrih dana"
"I've learned from my time there"
"Naučio sam iz vremena provedenog tamo"
"and I have had joy from the experience"
"i imao sam radost zbog tog iskustva"
"I've neither harmed myself nor others by annoyance and hastiness"
"Nisam naštetio ni sebi ni drugima nerviranjem i brzopletošću"
"if I ever return friendly people will welcome me"
"ako se ikada vratim ljubazni ljudi će me dočekati"
"if I return to do business friendly people will welcome me too"
"ako se vratim raditi posao, prijateljski nastrojeni ljudi će me također dočekati"
"I praise myself for not showing any hurry or displeasure"
"Hvalim sebe što nisam pokazao žurbu i nezadovoljstvo"
"So, leave it as it is, my friend"
"Dakle, ostavi kako jest, prijatelju"
"and don't harm yourself by scolding"
"i ne ozlijedi sebe grdnjom"
"If you see Siddhartha harming himself, then speak with me"
"Ako vidite Siddharthu kako se ozljeđuje, razgovarajte sa mnom"
"and Siddhartha will go on his own path"
"i Siddhartha će ići svojim putem"
"But until then, let's be satisfied with one another"

"Ali do tada, budimo zadovoljni jedni s drugima"
the merchant's attempts to convince Siddhartha were futile
trgovčevi pokušaji da uvjeri Siddharthu bili su uzaludni
he could not make Siddhartha eat his bread
nije mogao natjerati Siddharthu da jede njegov kruh
Siddhartha ate his own bread
Siddhartha je jeo svoj kruh
or rather, they both ate other people's bread
odnosno obojica su jeli tuđi kruh
Siddhartha never listened to Kamaswami's worries
Siddhartha nikada nije slušao Kamaswamijeve brige
and Kamaswami had many worries he wanted to share
a Kamaswami je imao mnogo briga koje je želio podijeliti
there were business-deals going on in danger of failing
odvijali su se poslovi koji su prijetili propašću
shipments of merchandise seemed to have been lost
činilo se da su pošiljke robe izgubljene
debtors seemed to be unable to pay
činilo se da dužnici nisu mogli platiti
Kamaswami could never convince Siddhartha to utter words of worry
Kamaswami nikada nije mogao uvjeriti Siddharthu da izgovori riječi zabrinutosti
Kamaswami could not make Siddhartha feel anger towards business
Kamaswami nije mogao natjerati Siddharthu da osjeća ljutnju prema poslu
he could not get him to to have wrinkles on the forehead
nije ga mogao natjerati da ima bore na čelu
he could not make Siddhartha sleep badly
nije mogao natjerati Siddharthu da loše spava

one day, Kamaswami tried to speak with Siddhartha
jednog dana, Kamaswami je pokušao razgovarati sa Siddharthom
"Siddhartha, you have failed to learn anything new"

"Siddhartha, nisi uspio naučiti ništa novo"
but again, Siddhartha laughed at this
ali opet, Siddhartha se tome nasmijao
"Would you please not kid me with such jokes"
"Hoćeš li me, molim te, ne zezati takvim šalama"
"What I've learned from you is how much a basket of fish costs"
"Ono što sam naučio od tebe je koliko košta košara ribe"
"and I learned how much interest may be charged on loaned money"
"i naučio sam koliko se kamata može naplatiti na posuđeni novac"
"These are your areas of expertise"
"Ovo su vaša područja stručnosti"
"I haven't learned to think from you, my dear Kamaswami"
"Nisam naučio razmišljati od tebe, moj dragi Kamaswami"
"you ought to be the one seeking to learn from me"
"ti bi trebao biti taj koji želi učiti od mene"
Indeed his soul was not with the trade
Doista, njegova duša nije bila uz trgovinu
The business was good enough to provide him with money for Kamala
Posao je bio dovoljno dobar da mu priskrbi novac za Kamalu
and it earned him much more than he needed
i time je zaradio mnogo više nego što mu je trebalo
Besides Kamala, Siddhartha's curiosity was with the people
Osim Kamale, Siddharthina je znatiželja bila s ljudima
their businesses, crafts, worries, and pleasures
njihove poslove, zanate, brige i zadovoljstva
all these things used to be alien to him
sve te stvari su mu bile strane
their acts of foolishness used to be as distant as the moon
njihova luda djela nekada su bila daleka poput mjeseca
he easily succeeded in talking to all of them
lako je sa svima njima uspijevao razgovarati
he could live with all of them

mogao bi živjeti sa svima njima
and he could continue to learn from all of them
i mogao je nastaviti učiti od svih njih
but there was something which separated him from them
ali postojalo je nešto što ga je odvajalo od njih
he could feel a divide between him and the people
osjećao je razdor između njega i naroda
this separating factor was him being a Samana
ovaj faktor razdvajanja bio je to što je bio Samana
He saw mankind going through life in a childlike manner
Vidio je čovječanstvo kako prolazi kroz život na djetinji način
in many ways they were living the way animals live
u mnogočemu su živjeli onako kako žive životinje
he loved and also despised their way of life
volio je i također prezirao njihov način života
He saw them toiling and suffering
Vidio ih je kako se muče i pate
they were becoming gray for things unworthy of this price
postajali su sijedi za stvari nedostojne ove cijene
they did things for money and little pleasures
radili su stvari za novac i mala zadovoljstva
they did things for being slightly honoured
činili su stvari samo zbog neznatne časti
he saw them scolding and insulting each other
vidio ih je kako se grde i vrijeđaju
he saw them complaining about pain
vidio ih je kako se žale na bol
pains at which a Samana would only smile
boli na koje bi se Samana samo nasmiješio
and he saw them suffering from deprivations
i vidio ih je kako pate od neimaštine
deprivations which a Samana would not feel
uskraćenosti koje Samana ne bi osjetio
He was open to everything these people brought his way
Bio je otvoren za sve što su mu ti ljudi donosili
welcome was the merchant who offered him linen for sale

dobrodošao je trgovac koji mu je ponudio platno na prodaju
welcome was the debtor who sought another loan
dobrodošao je dužnik koji je tražio još jedan zajam
welcome was the beggar who told him the story of his poverty
dobrodošao je prosjak koji mu je ispričao priču o svom siromaštvu
the beggar who was not half as poor as any Samana
prosjak koji nije bio ni upola siromašan kao bilo koji Samana
He did not treat the rich merchant and his servant different
Nije se drugačije ponašao prema bogatom trgovcu i njegovom sluzi
he let street-vendor cheat him when buying bananas
dopustio je uličnom prodavaču da ga prevari pri kupnji banana
Kamaswami would often complain to him about his worries
Kamaswami bi mu se često žalio na svoje brige
or he would reproach him about his business
ili bi mu zamjerio njegov posao
he listened curiously and happily
slušao je znatiželjno i radosno
but he was puzzled by his friend
ali ga je njegov prijatelj zbunio
he tried to understand him
pokušao ga je razumjeti
and he admitted he was right, up to a certain point
i priznao je da je bio u pravu, do određene točke
there were many who asked for Siddhartha
bilo je mnogo onih koji su tražili Siddharthu
many wanted to do business with him
mnogi su htjeli s njim poslovati
there were many who wanted to cheat him
bilo je mnogo onih koji su ga htjeli prevariti
many wanted to draw some secret out of him
mnogi su htjeli izvući neku tajnu iz njega
many wanted to appeal to his sympathy

mnogi su htjeli prizvati njegovu sućut
many wanted to get his advice
mnogi su željeli dobiti njegov savjet
He gave advice to those who wanted it
Davao je savjete onima koji su to htjeli
he pitied those who needed pity
žalio je one kojima je trebalo sažaljenje
he made gifts to those who liked presents
darivao je one koji su voljeli darove
he let some cheat him a bit
pustio je da ga neki malo prevare
this game which all people played occupied his thoughts
ova igra koju su igrali svi ljudi zaokupila mu je misli
he thought about this game just as much as he had about the Gods
razmišljao je o ovoj igri isto koliko i o Bogovima
deep in his chest he felt a dying voice
duboko u grudima osjeti umirući glas
this voice admonished him quietly
tiho ga je opomenuo ovaj glas
and he hardly perceived the voice inside of himself
i jedva je razaznavao glas u sebi
And then, for an hour, he became aware of something
A onda je, na sat vremena, postao svjestan nečega
he became aware of the strange life he was leading
postao je svjestan čudnog života koji vodi
he realized this life was only a game
shvatio je da je ovaj život samo igra
at times he would feel happiness and joy
ponekad bi osjetio sreću i radost
but real life was still passing him by
ali stvarni je život još uvijek prolazio pokraj njega
and it was passing by without touching him
i prolazilo je ne dotaknuvši ga
Siddhartha played with his business-deals
Siddhartha se igrao sa svojim poslovima

Siddhartha found amusement in the people around him
Siddhartha je nalazio zabavu u ljudima oko sebe
but regarding his heart, he was not with them
ali srcem nije bio s njima
The source ran somewhere, far away from him
Izvor je bježao negdje, daleko od njega
it ran and ran invisibly
trčalo je i trčalo nevidljivo
it had nothing to do with his life any more
to više nije imalo nikakve veze s njegovim životom
at several times he became scared on account of such thoughts
nekoliko puta se uplašio zbog takvih misli
he wished he could participate in all of these childlike games
poželio je da može sudjelovati u svim tim dječjim igrama
he wanted to really live
želio je stvarno živjeti
he wanted to really act in their theatre
želio je stvarno glumiti u njihovu kazalištu
he wanted to really enjoy their pleasures
želio je stvarno uživati u njihovim zadovoljstvima
and he wanted to live, instead of just standing by as a spectator
i želio je živjeti, umjesto da samo stoji sa strane kao gledatelj

But again and again, he came back to beautiful Kamala
Ali opet i opet, vraćao se lijepoj Kamali
he learned the art of love
naučio je umijeće ljubavi
and he practised the cult of lust
i prakticirao je kult požude
lust, in which giving and taking becomes one
požuda, u kojoj davanje i uzimanje postaju jedno
he chatted with her and learned from her
čavrljao je s njom i učio od nje

he gave her advice, and he received her advice
dao joj je savjet i primio njezin savjet
She understood him better than Govinda used to understand him
Razumjela ga je bolje nego što ga je Govinda razumio
she was more similar to him than Govinda had been
bila mu je sličnija nego Govinda
"You are like me," he said to her
"Ti si poput mene", rekao joj je
"you are different from most people"
"ti si drugačiji od većine ljudi"
"You are Kamala, nothing else"
"Ti si Kamala, ništa drugo"
"and inside of you, there is a peace and refuge"
"i u tebi je mir i utočište"
"a refuge to which you can go at every hour of the day"
"utočište u koje možete otići u svako doba dana"
"you can be at home with yourself"
"možeš biti sam sa sobom kao kod kuće"
"I can do this too"
"Mogu i ja ovo"
"Few people have this place"
"Malo ljudi ima ovo mjesto"
"and yet all of them could have it"
"a ipak bi ga svi mogli imati"
"Not all people are smart" said Kamala
"Nisu svi ljudi pametni", rekla je Kamala
"No," said Siddhartha, "that's not the reason why"
"Ne," rekao je Siddhartha, "to nije razlog zašto"
"Kamaswami is just as smart as I am"
"Kamaswami je pametan koliko i ja"
"but he has no refuge in himself"
"ali on nema utočište u sebi"
"Others have it, although they have the minds of children"
"Imaju drugi, iako imaju pamet djece"
"Most people, Kamala, are like a falling leaf"

"Većina ljudi, Kamala, je kao list koji pada"
"a leaf which is blown and is turning around through the air"
"list koji je otpuhan i okreće se po zraku"
"a leaf which wavers, and tumbles to the ground"
"list koji se koleba i pada na zemlju"
"But others, a few, are like stars"
"Ali drugi, nekolicina, su poput zvijezda"
"they go on a fixed course"
"oni idu na fiksni kurs"
"no wind reaches them"
"do njih ne dopire vjetar"
"in themselves they have their law and their course"
"u sebi imaju svoj zakon i svoj put"
"Among all the learned men I have met, there was one of this kind"
"Među svim učenim ljudima koje sam upoznao, bio je jedan takav"
"he was a truly perfected one"
"bio je doista savršen"
"I'll never be able to forget him"
"Nikad ga neću moći zaboraviti"
"It is that Gotama, the exalted one"
"To je taj Gotama, uzvišeni"
"Thousands of followers are listening to his teachings every day"
"Tisuće sljedbenika slušaju njegova učenja svaki dan"
"they follow his instructions every hour"
"slijede njegove upute svaki sat"
"but they are all falling leaves"
"ali sve su to lišće koje pada"
"not in themselves they have teachings and a law"
"nemaju sami po sebi učenje i zakon"
Kamala looked at him with a smile
Kamala ga je pogledala sa smiješkom
"Again, you're talking about him," she said

»Opet govoriš o njemu«, rekla je
"again, you're having a Samana's thoughts"
"opet imaš Samanine misli"
Siddhartha said nothing, and they played the game of love
Siddhartha nije rekao ništa, a oni su igrali igru ljubavi
one of the thirty or forty different games Kamala knew
jedna od trideset ili četrdeset različitih igara koje je Kamala znala
Her body was flexible like that of a jaguar
Tijelo joj je bilo gipko kao u jaguara
flexible like the bow of a hunter
savitljiv poput luka lovca
he who had learned from her how to make love
on koji je od nje naučio kako voditi ljubav
he was knowledgeable of many forms of lust
bio je upućen u mnoge oblike požude
he that learned from her knew many secrets
onaj koji je od nje učio znao je mnoge tajne
For a long time, she played with Siddhartha
Dugo se igrala sa Siddharthom
she enticed him and rejected him
namamila ga i odbila
she forced him and embraced him
prisilila ga je i zagrlila
she enjoyed his masterful skills
uživala je u njegovim majstorskim vještinama
until he was defeated and rested exhausted by her side
sve dok nije bio poražen i odmorio se iscrpljen uz nju
The courtesan bent over him
Kurtizana se sagnula nad njim
she took a long look at his face
dugo mu je pogledala lice
she looked at his eyes, which had grown tired
pogledala mu je oči koje su postale umorne
"You are the best lover I have ever seen" she said thoughtfully

"Ti si najbolji ljubavnik kojeg sam ikad vidjela", rekla je zamišljeno
"You're stronger than others, more supple, more willing"
"Jači si od drugih, gipkiji, voljniji"
"You've learned my art well, Siddhartha"
"Dobro si naučio moju umjetnost, Siddhartha"
"At some time, when I'll be older, I'd want to bear your child"
"Jednom, kad budem starija, htjela bih roditi tvoje dijete"
"And yet, my dear, you've remained a Samana"
"A ipak, draga moja, ostala si Samana"
"and despite this, you do not love me"
"i unatoč tome, ti me ne voliš"
"there is nobody that you love"
"nema nikoga koga voliš"
"Isn't it so?" asked Kamala
"Nije li tako?" upita Kamala
"It might very well be so," Siddhartha said tiredly
"Moglo bi biti tako", reče Siddhartha umorno
"I am like you, because you also do not love"
"Ja sam kao ti, jer ni ti ne voliš"
"how else could you practise love as a craft?"
"kako bi inače mogao prakticirati ljubav kao zanat?"
"Perhaps, people of our kind can't love"
"Možda ljudi naše vrste ne mogu voljeti"
"The childlike people can love, that's their secret"
"Djetinjasti ljudi mogu voljeti, to je njihova tajna"

Sansara

For a long time, Siddhartha had lived in the world and lust
Siddhartha je dugo živio u svijetu i požudi
he lived this way though, without being a part of it
ipak je živio na ovaj način, a da nije bio dio toga
he had killed this off when he had been a Samana
ovo je ubio dok je bio Samana
but now they had awoken again
ali sada su se ponovno probudili
he had tasted riches, lust, and power
okusio je bogatstvo, požudu i moć
for a long time he had remained a Samana in his heart
dugo je u srcu ostao Samana
Kamala, being smart, had realized this quite right
Kamala je, budući da je bila pametna, to dobro shvatila
thinking, waiting, and fasting still guided his life
razmišljanje, čekanje i post i dalje su vodili njegov život
the childlike people remained alien to him
djetinjasti ljudi ostali su mu strani
and he remained alien to the childlike people
i ostao je tuđ djetinjastim ljudima
Years passed by; surrounded by the good life
Godine su prolazile; okruženi dobrim životom
Siddhartha hardly felt the years fading away
Siddhartha jedva da je osjetio kako godine nestaju
He had become rich and possessed a house of his own
Postao je bogat i posjedovao je vlastitu kuću
he even had his own servants
imao je čak i vlastite sluge
he had a garden before the city, by the river
imao je vrt ispred grada, uz rijeku
The people liked him and came to him for money or advice
Ljudi su ga voljeli i dolazili su k njemu po novac ili savjet
but there was nobody close to him, except Kamala
ali nije bilo nikoga blizu njega, osim Kamale

the bright state of being awake
svijetlo stanje budnosti
the feeling which he had experienced at the height of his youth
osjećaj koji je iskusio na vrhuncu svoje mladosti
in those days after Gotama's sermon
u one dane nakon Gotamine propovijedi
after the separation from Govinda
nakon rastave od Govinde
the tense expectation of life
napeto očekivanje života
the proud state of standing alone
ponosno stanje da stoji sam
being without teachings or teachers
biti bez učenja ili učitelja
the supple willingness to listen to the divine voice in his own heart
gipku spremnost da sluša božanski glas u vlastitom srcu
all these things had slowly become a memory
sve su te stvari polako postale sjećanje
the memory had been fleeting, distant, and quiet
sjećanje je bilo prolazno, daleko i tiho
the holy source, which used to be near, now only murmured
sveti izvor, koji je nekad bio blizu, sada samo žubori
the holy source, which used to murmur within himself
sveti izvor, koji je žuborio u sebi
Nevertheless, many things he had learned from the Samanas
Ipak, mnoge je stvari naučio od Samana
he had learned from Gotama
naučio je od Gotame
he had learned from his father the Brahman
naučio je od svog oca Brahman
his father had remained within his being for a long time
njegov otac je dugo ostao u njegovom biću
moderate living, the joy of thinking, hours of meditation
umjeren život, radost razmišljanja, sati meditacije

the secret knowledge of the self; his eternal entity
tajno znanje o sebi; njegov vječni entitet
the self which is neither body nor consciousness
jastvo koje nije ni tijelo ni svijest
Many a part of this he still had
Mnogi dio ovoga još je imao
but one part after another had been submerged
ali jedan dio za drugim bili su potopljeni
and eventually each part gathered dust
i na kraju je svaki dio skupljao prašinu
a potter's wheel, once in motion, will turn for a long time
lončarsko kolo, kad se jednom pokrene, okretat će se dugo
it loses its vigour only slowly
polako gubi snagu
and it comes to a stop only after time
a prestaje tek nakon vremena
Siddhartha's soul had kept on turning the wheel of asceticism
Siddharthina duša nastavila je okretati kotač asketizma
the wheel of thinking had kept turning for a long time
kotač razmišljanja se dugo okretao
the wheel of differentiation had still turned for a long time
kotač diferencijacije još se dugo okretao
but it turned slowly and hesitantly
ali se okretao polako i oklijevajući
and it was close to coming to a standstill
i bilo je blizu da se zaustavi
Slowly, like humidity entering the dying stem of a tree
Polako, poput vlage koja ulazi u umiruću stabljiku drveta
filling the stem slowly and making it rot
polako puni stabljiku i čini da trune
the world and sloth had entered Siddhartha's soul
svijet i lijenost ušli su u Siddhartinu dušu
slowly it filled his soul and made it heavy
polako mu je ispunjavalo dušu i činilo je teškom
it made his soul tired and put it to sleep

umorilo mu dušu i uspavalo je
On the other hand, his senses had become alive
S druge strane, osjetila su mu oživjela
there was much his senses had learned
mnogo toga su njegova osjetila naučila
there was much his senses had experienced
mnogo toga su njegova osjetila doživjela
Siddhartha had learned to trade
Siddhartha je naučio trgovati
he had learned how to use his power over people
naučio je kako koristiti svoju moć nad ljudima
he had learned how to enjoy himself with a woman
naučio je kako uživati sa ženom
he had learned how to wear beautiful clothes
naučio je kako nositi lijepu odjeću
he had learned how to give orders to servants
naučio je kako naređivati slugama
he had learned how to bathe in perfumed waters
naučio je kako se kupati u mirisnim vodama
He had learned how to eat tenderly and carefully prepared food
Naučio je jesti nježno i pažljivo pripremljenu hranu
he even ate fish, meat, and poultry
čak je jeo ribu, meso i perad
spices and sweets and wine, which causes sloth and forgetfulness
začini i slatkiši i vino, koje uzrokuje lijenost i zaboravnost
He had learned to play with dice and on a chess-board
Naučio je igrati s kockicama i na šahovskoj ploči
he had learned to watch dancing girls
naučio je gledati djevojke koje plešu
he learned to have himself carried about in a sedan-chair
naučio je da se nosi u sedan stolici
he learned to sleep on a soft bed
naučio je spavati na mekom krevetu
But still he felt different from others

Ali ipak se osjećao drugačijim od drugih
he still felt superior to the others
i dalje se osjećao superiornim u odnosu na ostale
he always watched them with some mockery
uvijek ih je promatrao s nekom porugom
there was always some mocking disdain to how he felt about them
uvijek je postojao neki podrugljivi prezir prema onome što je osjećao prema njima
the same disdain a Samana feels for the people of the world
isti prezir koji Samana osjeća prema ljudima svijeta

Kamaswami was ailing and felt annoyed
Kamaswami je bio bolestan i osjećao se iznervirano
he felt insulted by Siddhartha
osjećao se uvrijeđenim od Siddharthe
and he was vexed by his worries as a merchant
a njega su mučile brige trgovca
Siddhartha had always watched these things with mockery
Siddhartha je te stvari uvijek promatrao s podsmijehom
but his mockery had become more tired
ali njegovo je ruganje postalo umornije
his superiority had become more quiet
njegova nadmoć postala je tiša
as slowly imperceptible as the rainy season passing by
polako neprimjetan poput kišne sezone koja prolazi
slowly, Siddhartha had assumed something of the childlike people's ways
polako, Siddhartha je preuzeo nešto od djetinjastih ljudi
he had gained some of their childishness
dobio je nešto od njihove djetinjarije
and he had gained some of their fearfulness
i stekao je nešto od njihove strašljivosti
And yet, the more be become like them the more he envied them
Pa ipak, što je više postajao poput njih, to im je više zavidio

He envied them for the one thing that was missing from him
Zavidio im je na jedinoj stvari koja mu je nedostajala
the importance they were able to attach to their lives
važnost koju su mogli pridati svojim životima
the amount of passion in their joys and fears
količinu strasti u njihovim radostima i strahovima
the fearful but sweet happiness of being constantly in love
strašnu ali slatku sreću stalnog zaljubljenja
These people were in love with themselves all of the time
Ti su ljudi cijelo vrijeme bili zaljubljeni u sebe
women loved their children, with honours or money
žene su voljele svoju djecu, počastima ili novcem
the men loved themselves with plans or hopes
muškarci su se voljeli s planovima ili nadama
But he did not learn this from them
Ali to nije naučio od njih
he did not learn the joy of children
nije naučio dječju radost
and he did not learn their foolishness
a nije naučio njihove gluposti
what he mostly learned were their unpleasant things
ono što je uglavnom naučio bile su njihove neugodne stvari
and he despised these things
i prezirao je te stvari
in the morning, after having had company
ujutro, nakon što smo imali društvo
more and more he stayed in bed for a long time
sve više je dugo ostajao u krevetu
he felt unable to think, and was tired
osjećao se nesposobnim razmišljati i bio je umoran
he became angry and impatient when Kamaswami bored him with his worries
postao je ljut i nestrpljiv kad mu je Kamaswami dosađivao svojim brigama
he laughed just too loud when he lost a game of dice
samo se preglasno smijao kad je izgubio partiju kocke

His face was still smarter and more spiritual than others
Njegovo je lice još uvijek bilo pametnije i duhovnije od drugih
but his face rarely laughed anymore
ali lice mu se više rijetko smijalo
slowly, his face assumed other features
polako mu je lice poprimilo druge crte
the features often found in the faces of rich people
crte koje se često nalaze na licima bogatih ljudi
features of discontent, of sickliness, of ill-humour
značajke nezadovoljstva, bolesti, lošeg humora
features of sloth, and of a lack of love
obilježja lijenosti i nedostatka ljubavi
the disease of the soul which rich people have
bolest duše koju imaju bogati ljudi
Slowly, this disease grabbed hold of him
Polako ga je ova bolest uhvatila
like a thin mist, tiredness came over Siddhartha
poput tanke magle, umor je obuzeo Siddharthu
slowly, this mist got a bit denser every day
polako, ova magla je svakim danom postajala sve gušća
it got a bit murkier every month
svaki je mjesec postajao malo mutniji
and every year it got a bit heavier
i svake godine je postajao nešto teži
dresses become old with time
haljine s vremenom stare
clothes lose their beautiful colour over time
odjeća s vremenom gubi svoju lijepu boju
they get stains, wrinkles, worn off at the seams
dobivaju mrlje, bore, izlizane po šavovima
they start to show threadbare spots here and there
tu i tamo počnu pokazivati izlizane mrlje
this is how Siddhartha's new life was
takav je bio Siddhartin novi život
the life which he had started after his separation from Govinda

život koji je započeo nakon rastave od Govinde
his life had grown old and lost colour
život mu je ostario i izgubio boju
there was less splendour to it as the years passed by
bilo je sve manje sjaja kako su godine prolazile
his life was gathering wrinkles and stains
život mu je skupljao bore i mrlje
and hidden at bottom, disappointment and disgust were waiting
a skriveni na dnu čekali su razočarenje i gađenje
they were showing their ugliness
pokazivali su svoju ružnoću
Siddhartha did not notice these things
Siddhartha nije primijetio te stvari
he remembered the bright and reliable voice inside of him
sjetio se vedrog i pouzdanog glasa u sebi
he noticed the voice had become silent
primijetio je da je glas utihnuo
the voice which had awoken in him at that time
glas koji se u njemu tada probudio
the voice that had guided him in his best times
glas koji ga je vodio u njegovim najboljim vremenima
he had been captured by the world
bio je zarobljen od svijeta
he had been captured by lust, covetousness, sloth
bio je zarobljen požudom, pohlepom, lijenošću
and finally he had been captured by his most despised vice
i konačno ga je zarobio njegov najprezreniji porok
the vice which he mocked the most
porok kojemu se najviše rugao
the most foolish one of all vices
najgluplji od svih poroka
he had let greed into his heart
pustio je pohlepu u svoje srce
Property, possessions, and riches also had finally captured him

Imovina, imetak i bogatstvo konačno su ga zarobili
having things was no longer a game to him
imati stvari za njega više nije bila igra
his possessions had become a shackle and a burden
njegov je posjed postao okov i teret
It had happened in a strange and devious way
Dogodilo se to na čudan i lukav način
Siddhartha had gotten this vice from the game of dice
Siddhartha je dobio ovaj porok iz igre kockicama
he had stopped being a Samana in his heart
prestao je biti Samana u svom srcu
and then he began to play the game for money
a onda je počeo igrati igru za novac
first he joined the game with a smile
prvi se s osmijehom uključio u igru
at this time he only played casually
u to je vrijeme igrao samo opušteno
he wanted to join the customs of the childlike people
htio se pridružiti običajima djetinjakog naroda
but now he played with an increasing rage and passion
ali sada je igrao sa sve većim bijesom i strašću
He was a feared gambler among the other merchants
Među ostalim trgovcima bio je kockar koji se plašio
his stakes were so audacious that few dared to take him on
njegovi su ulozi bili tako smioni da se malo tko usudio suprotstaviti mu se
He played the game due to a pain of his heart
Igrao je utakmicu zbog boli u srcu
losing and wasting his wretched money brought him an angry joy
gubljenje i rasipanje njegovog jadnog novca donijelo mu je ljutu radost
he could demonstrate his disdain for wealth in no other way
ni na koji drugi način nije mogao pokazati svoj prezir prema bogatstvu
he could not mock the merchants' false god in a better way

nije se mogao na bolji način rugati lažnom bogu trgovaca
so he gambled with high stakes
pa se kockao s visokim ulozima
he mercilessly hated himself and mocked himself
nemilosrdno je sebe mrzio i sam sebi se rugao
he won thousands, threw away thousands
osvojio je tisuće, bacio tisuće
he lost money, jewellery, a house in the country
izgubio je novac, nakit, kuću na selu
he won it again, and then he lost again
opet ga je osvojio, a onda opet izgubio
he loved the fear he felt while he was rolling the dice
volio je strah koji je osjećao dok je bacao kockice
he loved feeling worried about losing what he gambled
volio je biti zabrinut da će izgubiti ono što je kockao
he always wanted to get this fear to a slightly higher level
uvijek je želio podići ovaj strah na malo višu razinu
he only felt something like happiness when he felt this fear
samo je osjetio nešto poput sreće kad je osjetio ovaj strah
it was something like an intoxication
bilo je nešto poput opijenosti
something like an elevated form of life
nešto poput uzvišenog oblika života
something brighter in the midst of his dull life
nešto svjetlije usred njegova dosadnog života
And after each big loss, his mind was set on new riches
I nakon svakog velikog gubitka, misli su mu bile usmjerene na nova bogatstva
he pursued the trade more zealously
revnije se bavio trgovinom
he forced his debtors more strictly to pay
strože je prisilio svoje dužnike na plaćanje
because he wanted to continue gambling
jer je želio nastaviti s kockanjem
he wanted to continue squandering
htio je nastaviti rasipanje

he wanted to continue demonstrating his disdain of wealth
želio je nastaviti pokazivati svoj prezir prema bogatstvu
Siddhartha lost his calmness when losses occurred
Siddhartha je izgubio smirenost kad su se gubici dogodili
he lost his patience when he was not paid on time
izgubio je strpljenje kad mu nije plaćeno na vrijeme
he lost his kindness towards beggars
izgubio je dobrotu prema prosjacima
He gambled away tens of thousands at one roll of the dice
Prokockao je desetke tisuća pri jednom bacanju kocke
he became more strict and more petty in his business
postao je stroži i sitniji u svom poslu
occasionally, he was dreaming at night about money!
povremeno je noću sanjao novac!
whenever he woke up from this ugly spell, he continued fleeing
kad god bi se probudio iz ove ružne čarolije, nastavio je bježati
whenever he found his face in the mirror to have aged, he found a new game
kad god bi otkrio da mu je lice u zrcalu ostarjelo, pronašao je novu igru
whenever embarrassment and disgust came over him, he numbed his mind
kad god bi ga obuzeli stid i gađenje, otupio je svoj um
he numbed his mind with sex and wine
um je umrtvio seksom i vinom
and from there he fled back into the urge to pile up and obtain possessions
a odande je pobjegao natrag u poriv za gomilanjem i dobivanjem posjeda
In this pointless cycle he ran
U ovom besmislenom ciklusu on je trčao
from his life he grow tired, old, and ill
od svog života postaje umoran, stari i bolestan

Then the time came when a dream warned him

Onda je došlo vrijeme kada ga je san upozorio
He had spent the hours of the evening with Kamala
Sate večeri proveo je s Kamalom
he had been in her beautiful pleasure-garden
bio je u njezinu prekrasnom vrtu za uživanje
They had been sitting under the trees, talking
Sjedili su ispod drveća i razgovarali
and Kamala had said thoughtful words
a Kamala je rekla promišljene riječi
words behind which a sadness and tiredness lay hidden
riječi iza kojih se skrivala tuga i umor
She had asked him to tell her about Gotama
Zamolila ga je da joj ispriča o Gotami
she could not hear enough of him
nije mogla dovoljno čuti o njemu
she loved how clear his eyes were
voljela je kako su mu oči bile bistre
she loved how still and beautiful his mouth was
voljela je kako su mu usta mirna i lijepa
she loved the kindness of his smile
voljela je ljubaznost njegova osmijeha
she loved how peaceful his walk had been
svidjelo joj se kako je njegov hod bio miran
For a long time, he had to tell her about the exalted Buddha
Dugo joj je morao pričati o uzvišenom Budi
and Kamala had sighed, and spoke
a Kamala je uzdahnula i progovorila
"One day, perhaps soon, I'll also follow that Buddha"
"Jednog dana, možda uskoro, i ja ću slijediti tog Budu"
"I'll give him my pleasure-garden for a gift"
"Dat ću mu svoj vrt za uživanje na dar"
"and I will take my refuge in his teachings"
"i uteći ću se njegovim učenjima"
But after this, she had aroused him
Ali nakon ovoga ga je uzbudila
she had tied him to her in the act of making love

vezala ga je za sebe u činu vođenja ljubavi
with painful fervour, biting and in tears
s bolnim žarom, ujeda i u suzama
it was as if she wanted to squeeze the last sweet drop out of this wine
kao da je htjela iz ovog vina iscijediti i posljednju slatku kap
Never before had it become so strangely clear to Siddhartha
Nikada prije to Siddharthi nije postalo tako neobično jasno
he felt how close lust was akin to death
osjetio je koliko je požuda bliska smrti
he laid by her side, and Kamala's face was close to him
ležao je pokraj nje, a Kamalino lice bilo mu je blizu
under her eyes and next to the corners of her mouth
ispod očiju i pokraj uglova usana
it was as clear as never before
bilo je jasno kao nikad prije
there read a fearful inscription
čitao je stravičan natpis
an inscription of small lines and slight grooves
natpis od malih linija i blagih utora
an inscription reminiscent of autumn and old age
natpis koji podsjeća na jesen i starost
here and there, gray hairs among his black ones
tu i tamo, sijede vlasi među njegovim crnim
Siddhartha himself, who was only in his forties, noticed the same thing
Sam Siddhartha, koji je bio tek u četrdesetima, primijetio je istu stvar
Tiredness was written on Kamala's beautiful face
Umor je bio ispisan na Kamalinom lijepom licu
tiredness from walking a long path
umor od dugog hodanja
a path which has no happy destination
put koji nema sretno odredište
tiredness and the beginning of withering
umor i početak sušenja

fear of old age, autumn, and having to die
strah od starosti, jeseni i smrti
With a sigh, he had bid his farewell to her
S uzdahom se oprostio od nje
the soul full of reluctance, and full of concealed anxiety
duša puna nevoljkosti i puna prikrivene tjeskobe

Siddhartha had spent the night in his house with dancing girls
Siddhartha je proveo noć u svojoj kući s plesačicama
he acted as if he was superior to them
ponašao se kao da im je nadređen
he acted superior towards the fellow-members of his caste
ponašao se nadmoćno prema supripadnicima svoje kaste
but this was no longer true
ali ovo više nije bila istina
he had drunk much wine that night
popio je mnogo vina te noći
and he went to bed a long time after midnight
a legao je dugo nakon ponoći
tired and yet excited, close to weeping and despair
umoran, a opet uzbuđen, blizu plača i očaja
for a long time he sought to sleep, but it was in vain
dugo je tražio san, ali bilo je uzalud
his heart was full of misery
srce mu je bilo puno jada
he thought he could not bear any longer
mislio je da više ne može izdržati
he was full of a disgust, which he felt penetrating his entire body
bio je pun gađenja, koje je osjećao kako mu prodire kroz cijelo tijelo
like the lukewarm repulsive taste of the wine
poput mlakog odbojnog okusa vina
the dull music was a little too happy
tupa glazba bila je malo presretna

the smile of the dancing girls was a little too soft
osmijeh plesačica bio je malo preblag
the scent of their hair and breasts was a little too sweet
miris njihove kose i grudi bio je malo presladak
But more than by anything else, he was disgusted by himself
Ali više od svega drugog gadio se samog sebe
he was disgusted by his perfumed hair
gadila mu se njegova namirisana kosa
he was disgusted by the smell of wine from his mouth
gadio mu se miris vina iz usta
he was disgusted by the listlessness of his skin
gadila mu se bezvoljnost njegove kože
Like when someone who has eaten and drunk far too much
Kao kad netko tko je previše pojeo i popio
they vomit it back up again with agonising pain
ponovno ga povrate uz bolnu bol
but they feel relieved by the vomiting
ali osjećaju olakšanje od povraćanja
this sleepless man wished to free himself of these pleasures
ovaj neispavani čovjek želio se osloboditi tih užitaka
he wanted to be rid of these habits
želio se riješiti te navike
he wanted to escape all of this pointless life
želio je pobjeći od cijelog ovog besmislenog života
and he wanted to escape from himself
i htio je pobjeći od sebe
it wasn't until the light of the morning when he had slightly fallen sleep
tek je na jutarnjem svjetlu lagano zaspao
the first activities in the street were already beginning
već su počinjale prve aktivnosti na ulici
for a few moments he had found a hint of sleep
na nekoliko je trenutaka pronašao tračak sna
In those moments, he had a dream
U tim trenucima sanjao je san

Kamala owned a small, rare singing bird in a golden cage
Kamala je posjedovala malu, rijetku pticu pjevačicu u zlatnom kavezu
it always sung to him in the morning
uvijek mu je ujutro pjevalo
but then he dreamt this bird had become mute
ali onda je sanjao da je ova ptica zanijemila
since this arose his attention, he stepped in front of the cage
budući da je to izazvalo njegovu pozornost, stao je pred kavez
he looked at the bird inside the cage
pogledao je pticu unutar kaveza
the small bird was dead, and lay stiff on the ground
ptičica je bila mrtva i ukočeno je ležala na zemlji
He took the dead bird out of its cage
Izvadio je mrtvu pticu iz kaveza
he took a moment to weigh the dead bird in his hand
uzeo je trenutak da odmjeri mrtvu pticu u ruci
and then threw it away, out in the street
a onda ga bacio na ulicu
in the same moment he felt terribly shocked
u istom se trenutku osjetio strahovito šokiranim
his heart hurt as if he had thrown away all value
srce ga je boljelo kao da je odbacio svaku vrijednost
everything good had been inside of this dead bird
sve dobro je bilo unutar ove mrtve ptice
Starting up from this dream, he felt encompassed by a deep sadness
Počevši od ovog sna, osjetio je kako ga obuzima duboka tuga
everything seemed worthless to him
sve mu se činilo bezvrijednim
worthless and pointless was the way he had been going through life
bezvrijedan i besmislen bio je način na koji je prolazio kroz život
nothing which was alive was left in his hands
ništa živo nije ostalo u njegovim rukama

nothing which was in some way delicious could be kept
ništa što je bilo na neki način ukusno nije se moglo zadržati
nothing worth keeping would stay
ništa vrijedno čuvanja ne bi ostalo
alone he stood there, empty like a castaway on the shore
sam je stajao tamo, prazan poput brodolomnika na obali

With a gloomy mind, Siddhartha went to his pleasure-garden
S turobnim umom, Siddhartha je otišao u svoj vrt uživanja
he locked the gate and sat down under a mango-tree
zaključao je vrata i sjeo pod stablo manga
he felt death in his heart and horror in his chest
osjećao je smrt u srcu i užas u grudima
he sensed how everything died and withered in him
slutio je kako je u njemu sve umrlo i venulo
By and by, he gathered his thoughts in his mind
Malo-pomalo, sabrao je svoje misli u svom umu
once again, he went through the entire path of his life
još jednom je prošao cijeli životni put
he started with the first days he could remember
počeo je s prvim danima kojih se sjećao
When was there ever a time when he had felt a true bliss?
Kad je ikada postojao trenutak kada je osjetio pravo blaženstvo?
Oh yes, several times he had experienced such a thing
O da, nekoliko puta je doživio takvo što
In his years as a boy he had had a taste of bliss
Dok je bio dječak, osjetio je okus blaženstva
he had felt happiness in his heart when he obtained praise from the Brahmans
osjetio je sreću u srcu kad je dobio pohvalu od Brahmana
"There is a path in front of the one who has distinguished himself"
"Pred onim ko se istakao je put"
he had felt bliss reciting the holy verses

osjetio je blaženstvo recitirajući svete stihove
he had felt bliss disputing with the learned ones
osjetio je blaženstvo raspravljajući s učenima
he had felt bliss when he was an assistant in the offerings
osjetio je blaženstvo dok je bio pomoćnik u ponudama
Then, he had felt it in his heart
Tada je to osjetio u svom srcu
"There is a path in front of you"
"Put je pred tobom"
"you are destined for this path"
"ti si predodređen za ovaj put"
"the gods are awaiting you"
"bogovi te čekaju"
And again, as a young man, he had felt bliss
I opet, kao mladić, osjetio je blaženstvo
when his thoughts separated him from those thinking on the same things
kada su ga misli odvojile od onih koji razmišljaju o istim stvarima
when he wrestled in pain for the purpose of Brahman
kad se u boli borio za svrhu Brahmana
when every obtained knowledge only kindled new thirst in him
kad je svako stečeno znanje u njemu samo raspirivalo novu žeđ
in the midst of the pain he felt this very same thing
usred boli osjetio je istu stvar
"Go on! You are called upon!"
"Naprijed! Pozvani ste!"
He had heard this voice when he had left his home
Čuo je taj glas kad je napustio svoj dom
he heard heard this voice when he had chosen the life of a Samana
čuo je ovaj glas kad je odabrao život Samane
and again he heard this voice when left the Samanas
i ponovno je čuo ovaj glas kad je napustio Samane

he had heard the voice when he went to see the perfected one
čuo je glas kad je otišao vidjeti savršenu
and when he had gone away from the perfected one, he had heard the voice
i kad je otišao od savršene, čuo je glas
he had heard the voice when he went into the uncertain
čuo je glas kad je otišao u neizvjesno
For how long had he not heard this voice anymore?
Koliko dugo nije više čuo taj glas?
for how long had he reached no height anymore?
koliko dugo više nije dosegao visinu?
how even and dull was the manner in which he went through life?
koliko je ravnomjeran i dosadan bio način na koji je prolazio kroz život?
for many long years without a high goal
dugi niz godina bez visokog cilja
he had been without thirst or elevation
bio je bez žeđi ili visine
he had been content with small lustful pleasures
bio je zadovoljan malim požudnim zadovoljstvima
and yet he was never satisfied!
a ipak nikad nije bio zadovoljan!
For all of these years he had tried hard to become like the others
Sve ove godine jako se trudio postati poput ostalih
he longed to be one of the childlike people
žudio je biti jedan od djetinjastih ljudi
but he didn't know that that was what he really wanted
ali nije znao da je to ono što zapravo želi
his life had been much more miserable and poorer than theirs
njegov je život bio puno jadniji i siromašniji od njihova
because their goals and worries were not his
jer njihovi ciljevi i brige nisu bili njegovi

the entire world of the Kamaswami-people had only been a game to him
cijeli svijet Kamaswami-ljudi za njega je bio samo igra
their lives were a dance he would watch
njihovi su životi bili ples koji bi on gledao
they performed a comedy he could amuse himself with
izveli su komediju kojom se mogao zabaviti
Only Kamala had been dear and valuable to him
Samo mu je Kamala bila draga i vrijedna
but was she still valuable to him?
ali je li mu ona još uvijek bila vrijedna?
Did he still need her?
Je li ju još trebao?
Or did she still need him?
Ili ga je ipak trebala?
Did they not play a game without an ending?
Nisu li igrali igru bez kraja?
Was it necessary to live for this?
Je li za ovo bilo potrebno živjeti?
No, it was not necessary!
Ne, nije bilo potrebno!
The name of this game was Sansara
Ime ove igrice bilo je Sansara
a game for children which was perhaps enjoyable to play once
igra za djecu koju je nekoć možda bilo ugodno igrati
maybe it could be played twice
možda bi se moglo igrati dvaput
perhaps you could play it ten times
možda biste je mogli igrati deset puta
but should you play it for ever and ever?
ali trebaš li je igrati zauvijek?
Then, Siddhartha knew that the game was over
Tada je Siddhartha znao da je igra gotova
he knew that he could not play it any more
znao je da to više ne može igrati

Shivers ran over his body and inside of him
Drhtaji su mu prolazili tijelom i u njemu
he felt that something had died
osjetio je da je nešto umrlo

That entire day, he sat under the mango-tree
Taj cijeli dan sjedio je ispod stabla manga
he was thinking of his father
mislio je na svog oca
he was thinking of Govinda
mislio je na Govindu
and he was thinking of Gotama
a mislio je na Gotamu
Did he have to leave them to become a Kamaswami?
Je li ih morao napustiti da bi postao Kamaswami?
He was still sitting there when the night had fallen
Još je sjedio ondje kad je pala noć
he caught sight of the stars, and thought to himself
ugledao je zvijezde i pomislio u sebi
"Here I'm sitting under my mango-tree in my pleasure-garden"
"Ovdje sjedim pod svojim stablom manga u svom vrtu zadovoljstva"
He smiled a little to himself
Malo se nasmiješio u sebi
was it really necessary to own a garden?
je li stvarno bilo potrebno posjedovati vrt?
was it not a foolish game?
nije li to bila glupa igra?
did he need to own a mango-tree?
je li trebao posjedovati stablo manga?
He also put an end to this
I tome je stao na kraj
this also died in him
i ovo je umrlo u njemu
He rose and bid his farewell to the mango-tree

Ustao je i oprostio se od stabla manga
he bid his farewell to the pleasure-garden
oprostio se od vrta zadovoljstva
Since he had been without food this day, he felt strong hunger
Kako je ovaj dan bio bez hrane, osjetio je jaku glad
and he thought of his house in the city
a mislio je na svoju kuću u gradu
he thought of his chamber and bed
mislio je na svoju odaju i krevet
he thought of the table with the meals on it
pomislio je na stol s jelima na njemu
He smiled tiredly, shook himself, and bid his farewell to these things
Umorno se nasmiješio, otresao se i oprostio se s tim stvarima
In the same hour of the night, Siddhartha left his garden
U istom satu noći, Siddhartha je napustio svoj vrt
he left the city and never came back
napustio je grad i više se nije vratio

For a long time, Kamaswami had people look for him
Dugo je vremena Kamaswami tražio ljude da ga traže
they thought he had fallen into the hands of robbers
mislili su da je pao u ruke razbojnicima
Kamala had no one look for him
Kamala ga nitko nije tražio
she was not astonished by his disappearance
nije bila začuđena njegovim nestankom
Did she not always expect it?
Nije li to uvijek očekivala?
Was he not a Samana?
Nije li on bio Samana?
a man who was at home nowhere, a pilgrim
čovjek koji nigdje nije bio kod kuće, hodočasnik
she had felt this the last time they had been together
osjetila je to kad su posljednji put bili zajedno

she was happy despite all the pain of the loss
bila je sretna unatoč svoj boli gubitka
she was happy she had been with him one last time
bila je sretna što je posljednji put bila s njim
she was happy she had pulled him so affectionately to her heart
bila je sretna što ga je tako nježno privukla svom srcu
she was happy she had felt completely possessed and penetrated by him
bila je sretna što se osjećala potpuno opsjednutom i prožetom njime
When she received the news, she went to the window
Kad je primila vijest, prišla je prozoru
at the window she held a rare singing bird
na prozoru je držala rijetku pticu pjevušicu
the bird was held captive in a golden cage
ptica je držana zatočena u zlatnom kavezu
She opened the door of the cage
Otvorila je vrata kaveza
she took the bird out and let it fly
izvadila je pticu i pustila je da odleti
For a long time, she gazed after it
Dugo je gledala za njim
From this day on, she received no more visitors
Od ovog dana više nije primala posjetitelje
and she kept her house locked
a svoju je kuću držala zaključanom
But after some time, she became aware that she was pregnant
No nakon nekog vremena postala je svjesna da je trudna
she was pregnant from the last time she was with Siddhartha
bila je trudna od zadnjeg puta kada je bila sa Siddharthom

By the River
Uz rijeku

Siddhartha walked through the forest
Siddhartha je hodao kroz šumu
he was already far from the city
već je bio daleko od grada
and he knew nothing but one thing
a nije znao ništa osim jedne stvari
there was no going back for him
za njega više nije bilo povratka
the life that he had lived for many years was over
život koji je živio mnogo godina bio je gotov
he had tasted all of this life
okusio je sav ovaj život
he had sucked everything out of this life
isisao je sve iz ovog života
until he was disgusted with it
dok mu se to nije zgadilo
the singing bird he had dreamt of was dead
ptica pjevačica koju je sanjao bila je mrtva
and the bird in his heart was dead too
a i ptica u njegovom srcu bila je mrtva
he had been deeply entangled in Sansara
bio je duboko upleten u Sansaru
he had sucked up disgust and death into his body
uvukao je gađenje i smrt u svoje tijelo
like a sponge sucks up water until it is full
kao spužva usisava vodu dok se ne napuni
he was full of misery and death
bio je pun jada i smrti
there was nothing left in this world which could have attracted him
nije ostalo ništa na ovom svijetu što bi ga moglo privući
nothing could have given him joy or comfort
ništa mu nije moglo pružiti radost ili utjehu

he passionately wished to know nothing about himself anymore
strastveno je želio da više ništa ne zna o sebi
he wanted to have rest and be dead
želio se odmoriti i biti mrtav
he wished there was a lightning-bolt to strike him dead!
poželio je da postoji munja da ga ubije!
If there only was a tiger to devour him!
Kad bi samo bio tigar da ga produžere!
If there only was a poisonous wine which would numb his senses
Kad bi barem postojalo otrovno vino koje bi mu otupilo osjetila
a wine which brought him forgetfulness and sleep
vino koje mu je donijelo zaborav i san
a wine from which he wouldn't awake from
vino od kojeg se ne bi probudio
Was there still any kind of filth he had not soiled himself with?
Postoji li još kakva prljavština kojom se nije zaprljao?
was there a sin or foolish act he had not committed?
je li postojao grijeh ili ludost koju nije počinio?
was there a dreariness of the soul he didn't know?
je li postojala turobnost duše koju nije poznavao?
was there anything he had not brought upon himself?
je li postojalo nešto što on sam nije navukao na sebe?
Was it still at all possible to be alive?
Je li uopće bilo moguće biti živ?
Was it possible to breathe in again and again?
Je li bilo moguće udahnuti iznova i iznova?
Could he still breathe out?
Je li još mogao izdahnuti?
was he able to bear hunger?
je li mogao podnijeti glad?
was there any way to eat again?
je li bilo načina da opet jedem?

was it possible to sleep again?
je li se moglo ponovno spavati?
could he sleep with a woman again?
bi li opet mogao spavati sa ženom?
had this cycle not exhausted itself?
zar se ovaj ciklus nije iscrpio?
were things not brought to their conclusion?
zar stvari nisu dovedene do kraja?

Siddhartha reached the large river in the forest
Siddhartha je stigao do velike rijeke u šumi
it was the same river he crossed when he had still been a young man
bila je to ista rijeka koju je prešao dok je još bio mladić
it was the same river he crossed from the town of Gotama
bila je to ista rijeka koju je prešao iz grada Gotame
he remembered a ferryman who had taken him over the river
sjetio se skelara koji ga je prevezao preko rijeke
By this river he stopped, and hesitantly he stood at the bank
Uz ovu se rijeku zaustavio i oklijevajući stao na obalu
Tiredness and hunger had weakened him
Umor i glad su ga oslabili
"what should I walk on for?"
"za što da hodam?"
"to what goal was there left to go?"
"do kojeg je cilja preostalo ići?"
No, there were no more goals
Ne, nije bilo više golova
there was nothing left but a painful yearning to shake off this dream
nije ostalo ništa osim bolne čežnje da se otrese ovog sna
he yearned to spit out this stale wine
žudio je ispljunuti ovo ustajalo vino
he wanted to put an end to this miserable and shameful life
htio je stati na kraj ovom jadnom i sramotnom životu

a coconut-tree bent over the bank of the river
stablo kokosove palme pognuto nad obalu rijeke
Siddhartha leaned against its trunk with his shoulder
Siddhartha se ramenom naslonio na njegovo deblo
he embraced the trunk with one arm
jednom je rukom obuhvatio deblo
and he looked down into the green water
a on pogleda dolje u zelenu vodu
the water ran under him
voda je tekla ispod njega
he looked down and found himself to be entirely filled with the wish to let go
spustio je pogled i shvatio da je potpuno ispunjen željom da ga pusti
he wanted to drown in these waters
htio se utopiti u ovim vodama
the water reflected a frightening emptiness back at him
voda mu je odražavala zastrašujuću prazninu
the water answered to the terrible emptiness in his soul
voda je odgovorila na strašnu prazninu u njegovoj duši
Yes, he had reached the end
Da, došao je do kraja
There was nothing left for him, except to annihilate himself
Ništa mu nije preostalo, osim da se uništi
he wanted to smash the failure into which he had shaped his life
želio je razbiti neuspjeh u koji je oblikovao svoj život
he wanted to throw his life before the feet of mockingly laughing gods
htio je baciti svoj život pred noge podrugljivo nasmijanih bogova
This was the great vomiting he had longed for; death
Ovo je bilo veliko povraćanje za kojim je čeznuo; smrt
the smashing to bits of the form he hated
razbijanje na komadiće oblika koji je mrzio
Let him be food for fishes and crocodiles

Neka bude hrana ribama i krokodilima
Siddhartha the dog, a lunatic
Pas Siddhartha, luđak
a depraved and rotten body; a weakened and abused soul!
pokvareno i pokvareno tijelo; oslabljena i zlostavljana duša!
let him be chopped to bits by the daemons
neka ga demoni sasjeku na komadiće
With a distorted face, he stared into the water
Izobličenog lica zurio je u vodu
he saw the reflection of his face and spat at it
ugledao je odraz njegova lica i pljunuo na njega
In deep tiredness, he took his arm away from the trunk of the tree
U dubokom umoru maknuo je ruku s debla
he turned a bit, in order to let himself fall straight down
malo se okrenuo, kako bi se pustio ravno dolje
in order to finally drown in the river
da bi se na kraju utopio u rijeci
With his eyes closed, he slipped towards death
Zatvorenih očiju klizio je prema smrti
Then, out of remote areas of his soul, a sound stirred up
Zatim se iz udaljenih područja njegove duše uzburkao zvuk
a sound stirred up out of past times of his now weary life
zvuk uzburkan iz prošlih vremena njegova sada umornog života
It was a singular word, a single syllable
Bila je to jedinstvena riječ, jedan slog
without thinking he spoke the voice to himself
bez razmišljanja je progovorio glas sam sebi
he slurred the beginning and the end of all prayers of the Brahmans
nerazgovjetno je zabrljao početak i kraj svih molitvi Brahmana
he spoke the holy Om
govorio je sveti Om
"that what is perfect" or "the completion"
"ono što je savršeno" ili "završetak"

And in the moment he realized the foolishness of his actions
I u trenutku je shvatio besmislenost svojih postupaka
the sound of Om touched Siddhartha's ear
zvuk Oma dotaknuo je Siddharthino uho
his dormant spirit suddenly woke up
njegov uspavani duh odjednom se probudio
Siddhartha was deeply shocked
Siddhartha je bio duboko šokiran
he saw this was how things were with him
vidio je kako stvari stoje s njim
he was so doomed that he had been able to seek death
bio je toliko osuđen da je mogao tražiti smrt
he had lost his way so much that he wished the end
toliko se izgubio da je priželjkivao kraj
the wish of a child had been able to grow in him
želja djeteta uspjela je rasti u njemu
he had wished to find rest by annihilating his body!
želio je pronaći odmor uništavajući svoje tijelo!
all the agony of recent times
sva agonija novijeg vremena
all sobering realizations that his life had created
sve otrežnjujuće spoznaje koje je njegov život stvorio
all the desperation that he had felt
sav očaj koji je osjećao
these things did not bring about this moment
te stvari nisu dovele do ovog trenutka
when the Om entered his consciousness he became aware of himself
kada je Om ušao u njegovu svijest postao je svjestan sebe
he realized his misery and his error
spoznao je svoju bijedu i svoju pogrešku
Om! he spoke to himself
Om! govorio je sam sa sobom
Om! and again he knew about Brahman
Om! i opet je znao za Brahmana
Om! he knew about the indestructibility of life

Om! znao je za neuništivost života
Om! he knew about all that is divine, which he had forgotten
Om! znao je za sve što je božansko, što je zaboravio
But this was only a moment that flashed before him
Ali ovo je bio samo trenutak koji je bljesnuo pred njim
By the foot of the coconut-tree, Siddhartha collapsed
Uz podnožje kokosove palme, Siddhartha se srušio
he was struck down by tiredness
udario ga je umor
mumbling "Om", he placed his head on the root of the tree
promrmljavši "Om", spustio je glavu na korijen stabla
and he fell into a deep sleep
a on je duboko zaspao
Deep was his sleep, and without dreams
Dubok je bio njegov san, i bez snova
for a long time he had not known such a sleep any more
dugo vremena više nije poznavao takav san

When he woke up after many hours, he felt as if ten years had passed
Kad se probudio nakon mnogo sati, osjećao se kao da je prošlo deset godina
he heard the water quietly flowing
čuo je kako voda tiho teče
he did not know where he was
nije znao gdje je
and he did not know who had brought him here
a nije znao tko ga je ovamo doveo
he opened his eyes and looked with astonishment
otvori oči i zaprepašteno pogleda
there were trees and the sky above him
iznad njega je bilo drveće i nebo
he remembered where he was and how he got here
sjetio se gdje je bio i kako je dospio ovamo
But it took him a long while for this

Ali za ovo mu je trebalo dosta vremena
the past seemed to him as if it had been covered by a veil
prošlost mu se činila kao da je prekrivena velom
infinitely distant, infinitely far away, infinitely meaningless
beskrajno daleko, beskrajno daleko, beskrajno besmisleno
He only knew that his previous life had been abandoned
Znao je samo da je njegov prethodni život bio napušten
this past life seemed to him like a very old, previous incarnation
ovaj prošli život mu se činio kao vrlo stara, prethodna inkarnacija
this past life felt like a pre-birth of his present self
ovaj prošli život osjećao je kao predrođenje njegovog sadašnjeg ja
full of disgust and wretchedness, he had intended to throw his life away
pun gađenja i bijede, namjeravao je odbaciti svoj život
he had come to his senses by a river, under a coconut-tree
došao je k sebi uz rijeku, ispod kokosove palme
the holy word "Om" was on his lips
sveta riječ "Om" bila mu je na usnama
he had fallen asleep and had now woken up
bio je zaspao i sad se probudio
he was looking at the world as a new man
gledao je na svijet kao novi čovjek
Quietly, he spoke the word "Om" to himself
Tiho je u sebi izgovorio riječ "Om".
the "Om" he was speaking when he had fallen asleep
"Om" koji je govorio kad je zaspao
his sleep felt like nothing more than a long meditative recitation of "Om"
njegov san nije bio ništa više od dugog meditativnog recitiranja "Om"
all his sleep had been a thinking of "Om"
sav njegov san bio je razmišljanje o "Om"
a submergence and complete entering into "Om"

uranjanje i potpuni ulazak u "Om"
a going into the perfected and completed
a odlazak u usavršeno i dovršeno
What a wonderful sleep this had been!
Kakav je ovo divan san bio!
he had never before been so refreshed by sleep
nikada prije nije bio tako osvježen snom
Perhaps, he really had died
Možda je stvarno umro
maybe he had drowned and was reborn in a new body?
možda se utopio i ponovno rodio u novom tijelu?
But no, he knew himself and who he was
Ali ne, znao je sebe i tko je
he knew his hands and his feet
poznavao je svoje ruke i svoje noge
he knew the place where he lay
znao je mjesto gdje je ležao
he knew this self in his chest
poznavao je ovog sebe u svojim grudima
Siddhartha the eccentric, the weird one
Siddhartha ekscentrik, čudak
but this Siddhartha was nevertheless transformed
ali ovaj se Siddhartha ipak preobrazio
he was strangely well rested and awake
bio je neobično dobro odmoran i budan
and he was joyful and curious
a on je bio radostan i znatiželjan

Siddhartha straightened up and looked around
Siddhartha se uspravi i pogleda oko sebe
then he saw a person sitting opposite to him
tada je ugledao osobu koja je sjedila nasuprot njemu
a monk in a yellow robe with a shaven head
redovnik u žutoj halji obrijane glave
he was sitting in the position of pondering
sjedio je u položaju razmišljanja

He observed the man, who had neither hair on his head nor a beard
Promatrao je čovjeka, koji nije imao ni kose ni brade
he had not observed him for long when he recognised this monk
nije ga dugo promatrao kad je prepoznao ovog redovnika
it was Govinda, the friend of his youth
bio je to Govinda, prijatelj njegove mladosti
Govinda, who had taken his refuge with the exalted Buddha
Govinda, koji je našao svoje utočište kod uzvišenog Buddhe
Like Siddhartha, Govinda had also aged
Poput Siddharthe, Govinda je također ostario
but his face still bore the same features
ali lice mu je i dalje imalo iste crte
his face still expressed zeal and faithfulness
lice mu je još uvijek izražavalo žar i vjernost
you could see he was still searching, but timidly
vidjelo se da i dalje traži, ali bojažljivo
Govinda sensed his gaze, opened his eyes, and looked at him
Govinda je osjetio njegov pogled, otvorio oči i pogledao ga
Siddhartha saw that Govinda did not recognise him
Siddhartha je vidio da ga Govinda ne prepoznaje
Govinda was happy to find him awake
Govinda je bio sretan što ga je zatekao budnog
apparently, he had been sitting here for a long time
očito, sjedio je ovdje već dugo vremena
he had been waiting for him to wake up
čekao je da se probudi
he waited, although he did not know him
čekao je, iako ga nije poznavao
"I have been sleeping" said Siddhartha
"Spavao sam", rekao je Siddhartha
"How did you get here?"
"Kako ste došli ovamo?"
"You have been sleeping" answered Govinda

"Spavao si", odgovori Govinda
"It is not good to be sleeping in such places"
"Nije dobro spavati na takvim mjestima"
"snakes and the animals of the forest have their paths here"
"zmije i šumske životinje ovdje imaju svoje staze"
"I, oh sir, am a follower of the exalted Gotama"
"Ja, o gospodine, sljedbenik sam uzvišenog Gotame"
"I was on a pilgrimage on this path"
"Bio sam na hodočašću ovom stazom"
"I saw you lying and sleeping in a place where it is dangerous to sleep"
"Vidio sam te kako ležiš i spavaš na mjestu gdje je opasno spavati"
"Therefore, I sought to wake you up"
"Stoga sam tražio da te probudim"
"but I saw that your sleep was very deep"
"ali vidio sam da ti je san vrlo dubok"
"so I stayed behind from my group"
"pa sam ostao iza svoje grupe"
"and I sat with you until you woke up"
"i sjedio sam s tobom dok se nisi probudila"
"And then, so it seems, I have fallen asleep myself"
"A onda sam, čini se, i sam zaspao"
"I, who wanted to guard your sleep, fell asleep"
"Zaspao sam ja koji sam ti san htio čuvati"
"Badly, I have served you"
"Loše sam te poslužio"
"tiredness had overwhelmed me"
"umor me savladao"
"But since you're awake, let me go to catch up with my brothers"
"Ali pošto si budan, pusti me da sustignem svoju braću"
"I thank you, Samana, for watching out over my sleep" spoke Siddhartha
"Zahvaljujem ti, Samana, što paziš na moj san", reče Siddhartha

"You're friendly, you followers of the exalted one"
"Prijateljski ste raspoloženi, sljedbenici uzvišenog"
"Now you may go to them"
"Sada možeš ići k njima"
"I'm going, sir. May you always be in good health"
"Idem, gospodine. Neka ste uvijek dobro zdravlje"
"I thank you, Samana"
"Zahvaljujem ti, Samana"
Govinda made the gesture of a salutation and said "Farewell"
Govinda je napravio gestu pozdrava i rekao "Zbogom"
"Farewell, Govinda" said Siddhartha
"Zbogom, Govinda", rekao je Siddhartha
The monk stopped as if struck by lightning
Redovnik je stao kao gromom ošinut
"Permit me to ask, sir, from where do you know my name?"
"Dopustite mi da pitam, gospodine, odakle znate moje ime?"
Siddhartha smiled, "I know you, oh Govinda, from your father's hut"
Siddhartha se nasmiješio, "Znam te, o Govinda, iz kolibe tvog oca"
"and I know you from the school of the Brahmans"
"i znam te iz škole brahmana"
"and I know you from the offerings"
"i znam te po ponudama"
"and I know you from our walk to the Samanas"
"i znam te iz naše šetnje do Samanasa"
"and I know you from when you took refuge with the exalted one"
"a ja te znam otkad si se kod Uzvišenog sklonila"
"You're Siddhartha," Govinda exclaimed loudly, "Now, I recognise you"
"Ti si Siddhartha," Govinda je glasno uzviknuo, "Sada te prepoznajem"
"I don't comprehend how I couldn't recognise you right away"

"Nije mi jasno kako te nisam mogao odmah prepoznati"
"Siddhartha, my joy is great to see you again"
"Siddhartha, velika mi je radost što te opet vidim"
"It also gives me joy, to see you again" spoke Siddhartha
"Također me raduje što te opet vidim", reče Siddhartha
"You've been the guard of my sleep"
"Bio si čuvar mog sna"
"again, I thank you for this"
"još jednom, zahvaljujem ti na ovome"
"but I wouldn't have required any guard"
"ali ne bih trebao nikakav čuvar"
"Where are you going to, oh friend?"
"Kamo ideš, o prijatelju?"
"I'm going nowhere," answered Govinda
"Ne idem nikamo", odgovori Govinda
"We monks are always travelling"
"Mi redovnici uvijek putujemo"
"whenever it is not the rainy season, we move from one place to another"
"kad god nije kišna sezona, selimo se s jednog mjesta na drugo"
"we live according to the rules of the teachings passed on to us"
"živimo prema pravilima učenja koja su nam prenesena"
"we accept alms, and then we move on"
"prihvatamo sadaku, a onda idemo dalje"
"It is always like this"
"Uvijek je ovako"
"But you, Siddhartha, where are you going to?"
"Ali ti, Siddhartha, kamo ideš?"
"for me it is as it is with you"
"za mene je tako kao kod tebe"
"I'm going nowhere; I'm just travelling"
"Ne idem nigdje, samo putujem"
"I'm also on a pilgrimage"
"I ja sam na hodočašću"

Govinda spoke "You say you're on a pilgrimage, and I believe you"
Govinda je progovorio "Kažeš da si na hodočašću, a ja ti vjerujem"
"But, forgive me, oh Siddhartha, you do not look like a pilgrim"
"Ali, oprosti mi, o Siddhartha, ne izgledaš kao hodočasnik"
"You're wearing a rich man's garments"
"Nosiš odjeću bogataša"
"you're wearing the shoes of a distinguished gentleman"
"nosite cipele uglednog gospodina"
"and your hair, with the fragrance of perfume, is not a pilgrim's hair"
"a tvoja kosa, s mirisom parfema, nije kosa hodočasnika"
"you do not have the hair of a Samana"
"nemate kosu Samane"
"you are right, my dear"
"u pravu si, draga moja"
"you have observed things well"
"dobro si uočio stvari"
"your keen eyes see everything"
"tvoje oštre oči sve vide"
"But I haven't said to you that I was a Samana"
"Ali nisam ti rekao da sam bio Samana"
"I said I'm on a pilgrimage"
"Rekao sam da sam na hodočašću"
"And so it is, I'm on a pilgrimage"
"I tako je, ja sam na hodočašću"
"You're on a pilgrimage" said Govinda
"Ti si na hodočašću", reče Govinda
"But few would go on a pilgrimage in such clothes"
"Ali malo tko bi išao na hodočašće u takvoj odjeći"
"few would pilger in such shoes"
"malo tko bi lutao u takvim cipelama"
"and few pilgrims have such hair"
"i malo hodočasnika ima takvu kosu"

"I have never met such a pilgrim"
"Nikad nisam sreo takvog hodočasnika"
"and I have been a pilgrim for many years"
"a ja sam hodočasnik dugi niz godina"
"I believe you, my dear Govinda"
"Vjerujem ti, moj dragi Govinda"
"But now, today, you've met a pilgrim just like this"
"Ali sada, danas, sreli ste upravo ovakvog hodočasnika"
"a pilgrim wearing these kinds of shoes and garment"
"hodočasnik koji nosi ovakve cipele i odjeću"
"Remember, my dear, the world of appearances is not eternal"
"Zapamti, draga moja, svijet privida nije vječan"
"our shoes and garments are anything but eternal"
"naša obuća i odjeća su sve samo ne vječni"
"our hair and bodies are not eternal either"
"Ni naša kosa ni tijelo nisu vječni"
I'm wearing a rich man's clothes"
Nosim odjeću bogataša"
"you've seen this quite right"
"to si dobro vidio"
"I'm wearing them, because I have been a rich man"
"Nosim ih, jer sam bio bogat čovjek"
"and I'm wearing my hair like the worldly and lustful people"
"i nosim kosu kao svjetovni i pohotni ljudi"
"because I have been one of them"
"jer sam bio jedan od njih"
"And what are you now, Siddhartha?" Govinda asked
"A što si sada, Siddhartha?" upita Govinda
"I don't know it, just like you"
"Ne znam, baš kao ni ti"
"I was a rich man, and now I am not a rich man anymore"
"Bio sam bogat čovjek, a sada više nisam bogat čovjek"
"and what I'll be tomorrow, I don't know"
"a što ću biti sutra, ne znam"

"You've lost your riches?" asked Govinda
"Izgubili ste svoje bogatstvo?" upita Govinda
"I've lost my riches, or they have lost me"
"Izgubio sam svoje bogatstvo ili su oni izgubili mene"
"My riches somehow happened to slip away from me"
"Moje bogatstvo nekako mi je izmaklo"
"The wheel of physical manifestations is turning quickly, Govinda"
"Kotač fizičkih manifestacija se brzo okreće, Govinda"
"Where is Siddhartha the Brahman?"
"Gdje je Siddhartha Brahman?"
"Where is Siddhartha the Samana?"
"Gdje je Siddhartha Samana?"
"Where is Siddhartha the rich man?"
"Gdje je Siddhartha bogataš?"
"Non-eternal things change quickly, Govinda, you know it"
"Nevječne stvari se brzo mijenjaju, Govinda, ti to znaš"
Govinda looked at the friend of his youth for a long time
Govinda je dugo gledao u prijatelja svoje mladosti
he looked at him with doubt in his eyes
pogledao ga je sa sumnjom u očima
After that, he gave him the salutation which one would use on a gentleman
Nakon toga mu je uputio pozdrav koji bi se upotrijebio za gospodina
and he went on his way, and continued his pilgrimage
te je otišao svojim putem i nastavio svoje hodočašće
With a smiling face, Siddhartha watched him leave
S nasmijanim licem, Siddhartha ga je gledao kako odlazi
he loved him still, this faithful, fearful man
još ga je volio, ovog vjernog, strašljivog čovjeka
how could he not have loved everybody and everything in this moment?
kako nije volio sve i svakoga u ovom trenutku?
in the glorious hour after his wonderful sleep, filled with Om!

u veličanstvenom času nakon njegova divnog sna, ispunjenog Om!
The enchantment, which had happened inside of him in his sleep
Čarolija, koja se dogodila u njemu u snu
this enchantment was everything that he loved
ova čarolija bila je sve što je volio
he was full of joyful love for everything he saw
bio je pun radosne ljubavi prema svemu što je vidio
exactly this had been his sickness before
upravo je to bila njegova bolest prije
he had not been able to love anybody or anything
nikoga i ništa nije mogao voljeti
With a smiling face, Siddhartha watched the leaving monk
S nasmiješenim licem, Siddhartha je promatrao redovnika koji je odlazio

The sleep had strengthened him a lot
San ga je jako okrijepio
but hunger gave him great pain
ali mu je glad zadala veliku bol
by now he had not eaten for two days
do sada nije jeo već dva dana
the times were long past when he could resist such hunger
davno su prošla vremena kad se mogao oduprijeti takvoj gladi
With sadness, and yet also with a smile, he thought of that time
S tugom, a opet i s osmijehom, razmišljao je o tom vremenu
In those days, so he remembered, he had boasted of three things to Kamala
Tih se dana, kako se sjećao, hvalio Kamali s tri stvari
he had been able to do three noble and undefeatable feats
bio je u stanju učiniti tri plemenita i nepobjediva pothvata
he was able to fast, wait, and think
mogao je postiti, čekati i razmišljati
These had been his possessions; his power and strength

To su bili njegovi posjedi; njegovu moć i snagu
in the busy, laborious years of his youth, he had learned these three feats
u užurbanim, napornim godinama svoje mladosti, naučio je ova tri podviga
And now, his feats had abandoned him
A sada su ga njegovi podvizi napustili
none of his feats were his any more
nijedan od njegovih podviga više nije bio njegov
neither fasting, nor waiting, nor thinking
niti postiti, niti čekati, niti razmišljati
he had given them up for the most wretched things
dao ih je za najjadnije stvari
what is it that fades most quickly?
što je to što najbrže blijedi?
sensual lust, the good life, and riches!
senzualna požuda, dobar život i bogatstvo!
His life had indeed been strange
Njegov je život doista bio čudan
And now, so it seemed, he had really become a childlike person
A sada je, tako se činilo, doista postao djetinjasta osoba
Siddhartha thought about his situation
Siddhartha je razmišljao o svojoj situaciji
Thinking was hard for him now
Sada mu je bilo teško razmišljati
he did not really feel like thinking
nije mu se baš dalo razmišljati
but he forced himself to think
ali se prisilio na razmišljanje
"all these most easily perishing things have slipped from me"
"sve te najlakše kvarljive stvari su mi iskliznule"
"again, now I'm standing here under the sun"
"opet, sada stojim ovdje pod suncem"
"I am standing here just like a little child"

"Stojim ovdje kao malo dijete"
"nothing is mine, I have no abilities"
"ništa nije moje, nemam sposobnosti"
"there is nothing I could bring about"
"ne postoji ništa što bih mogao učiniti"
"I have learned nothing from my life"
"Nisam ništa naučio iz svog života"
"How wondrous all of this is!"
"Kako je sve ovo čudesno!"
"it's wondrous that I'm no longer young"
"čudesno je da više nisam mlad"
"my hair is already half gray and my strength is fading"
"kosa mi je već napola sijeda i snaga mi nestaje"
"and now I'm starting again at the beginning, as a child!"
"i sad opet krećem iz početka, kao dijete!"
Again, he had to smile to himself
Opet se morao nasmiješiti u sebi
Yes, his fate had been strange!
Da, njegova je sudbina bila čudna!
Things were going downhill with him
Stvari su s njim krenule nizbrdo
and now he was again facing the world naked and stupid
a sada se opet suočavao sa svijetom gol i glup
But he could not feel sad about this
Ali nije mogao biti tužan zbog ovoga
no, he even felt a great urge to laugh
ne, čak je osjetio veliku želju da se smije
he felt an urge to laugh about himself
osjetio je želju da se nasmije o sebi
he felt an urge to laugh about this strange, foolish world
osjetio je želju da se nasmije ovom čudnom, glupom svijetu
"Things are going downhill with you!" he said to himself
"Kod tebe stvari idu nizbrdo!" rekao je sam sebi
and he laughed about his situation
i smijao se svojoj situaciji
as he was saying it he happened to glance at the river

dok je to govorio slučajno je bacio pogled na rijeku
and he also saw the river going downhill
a vidio je i rijeku kako ide nizbrdo
it was singing and being happy about everything
bilo je pjevanje i veselje zbog svega
He liked this, and kindly he smiled at the river
To mu se svidjelo i ljubazno se nasmiješio rijeci
Was this not the river in which he had intended to drown himself?
Nije li to rijeka u kojoj se namjeravao utopiti?
in past times, a hundred years ago
u prošlim vremenima, prije sto godina
or had he dreamed this?
ili je ovo sanjao?
"Wondrous indeed was my life" he thought
"Uistinu je moj život bio čudesan", pomislio je
"my life has taken wondrous detours"
"moj život je krenuo čudesnim zaobilaznicama"
"As a boy, I only dealt with gods and offerings"
"Kao dječak bavio sam se samo bogovima i ponudama"
"As a youth, I only dealt with asceticism"
"Kao mladost bavio sam se samo asketizmom"
"I spent my time in thinking and meditation"
"Vrijeme sam provodio u razmišljanju i meditaciji"
"I was searching for Brahman
„Tragao sam za Brahmanom
"and I worshipped the eternal in the Atman"
"i obožavao sam vječno u Atmanu"
"But as a young man, I followed the penitents"
"Ali kao mladić pratio sam pokornike"
"I lived in the forest and suffered heat and frost"
"Živio sam u šumi i trpio vrućinu i mraz"
"there I learned how to overcome hunger"
"tamo sam naučio kako pobijediti glad"
"and I taught my body to become dead"
"i naučio sam svoje tijelo da postane mrtvo"

"**Wonderfully, soon afterwards, insight came towards me**"
"Predivno, ubrzo nakon toga, uvid je došao prema meni"
"**insight in the form of the great Buddha's teachings**"
"uvid u obliku učenja velikog Bude"
"**I felt the knowledge of the oneness of the world**"
"Osjetio sam spoznaju o jedinstvu svijeta"
"**I felt it circling in me like my own blood**"
"Osjetio sam kako kruži u meni kao vlastita krv"
"**But I also had to leave Buddha and the great knowledge**"
"Ali također sam morao ostaviti Budu i veliko znanje"
"**I went and learned the art of love with Kamala**"
"Otišao sam i naučio umjetnost ljubavi s Kamalom"
"**I learned trading and business with Kamaswami**"
"Naučio sam trgovati i poslovati s Kamaswamijem"
"**I piled up money, and wasted it again**"
"Gomilao sam novac i opet ga protraćio"
"**I learned to love my stomach and please my senses**"
"Naučila sam voljeti svoj trbuh i ugađati svojim osjetilima"
"**I had to spend many years losing my spirit**"
"Morao sam provesti mnogo godina gubeći duh"
"**and I had to unlearn thinking again**"
"i morao sam ponovno naučiti razmišljati"
"**there I had forgotten the oneness**"
"tamo sam zaboravio jedinstvo"
"**Isn't it just as if I had turned slowly from a man into a child**"?
"Nije li to baš kao da sam se polako iz čovjeka pretvorio u dijete"?
"**from a thinker into a childlike person**"
"od mislioca do djetinje osobe"
"**And yet, this path has been very good**"
"Pa ipak, ovaj put je bio jako dobar"
"**and yet, the bird in my chest has not died**"
"a ipak, ptica u mojim grudima nije umrla"
"**what a path has this been!**"
"kakav je ovo put bio!"

"I had to pass through so much stupidity"
"Morao sam proći kroz toliko gluposti"
"I had to pass through so much vice"
"Morao sam proći kroz toliko poroka"
"I had to make so many errors"
"Morao sam napraviti toliko grešaka"
"I had to feel so much disgust and disappointment"
"Morao sam osjetiti toliko gađenja i razočarenja"
"I had to do all this to become a child again"
"Morao sam sve ovo učiniti da ponovno postanem dijete"
"and then I could start over again"
"i onda bih mogao ispočetka"
"But it was the right way to do it"
"Ali to je bio pravi način za to"
"my heart says yes to it and my eyes smile to it"
"moje srce tome kaže da i moje se oči tome smiješe"
"I've had to experience despair"
"Morao sam doživjeti očaj"
"I've had to sink down to the most foolish of all thoughts"
"Morao sam pasti na najgluplju od svih misli"
"I've had to think to the thoughts of suicide"
"Morao sam razmišljati o samoubojstvu"
"only then would I be able to experience divine grace"
"samo tada bih mogao iskusiti božansku milost"
"only then could I hear Om again"
"tek tada sam opet mogao čuti Oma"
"only then would I be able to sleep properly and awake again"
"samo tada bih mogao normalno spavati i ponovno se probuditi"
"I had to become a fool, to find Atman in me again"
"Morao sam postati budala, da ponovo pronađem Atmana u sebi"
"I had to sin, to be able to live again"
"Morao sam griješiti da bih mogao ponovno živjeti"
"Where else might my path lead me to?"

"Kamo bi me drugdje moj put mogao odvesti?"
"It is foolish, this path, it moves in loops"
"Glupo je, ovaj put, kreće se u petljama"
"perhaps it is going around in a circle"
"možda se to vrti u krug"
"Let this path go where it likes"
"Neka ovaj put ide kuda hoće"
"where ever this path goes, I want to follow it"
"kamo god ovaj put ide, želim ga slijediti"
he felt joy rolling like waves in his chest
osjetio je radost kako mu se poput valova valja u prsima
he asked his heart, "from where did you get this happiness?"
pitao je svoje srce, "odakle ti ova sreća?"
"does it perhaps come from that long, good sleep?"
"dolazi li možda od onog dugog, dobrog sna?"
"the sleep which has done me so much good"
"san koji mi je toliko dobro učinio"
"or does it come from the word Om, which I said?"
"ili dolazi od riječi Om, koju sam rekao?"
"Or does it come from the fact that I have escaped?"
"Ili to dolazi od činjenice da sam pobjegao?"
"does this happiness come from standing like a child under the sky?"
"dolazi li ova sreća što stojiš kao dijete pod nebom?"
"Oh how good is it to have fled"
"Oh kako je dobro pobjeći"
"it is great to have become free!"
"sjajno je biti slobodan!"
"How clean and beautiful the air here is"
"Kako je ovdje čist i lijep zrak"
"the air is good to breath"
"zrak je dobar za disanje"
"where I ran away from everything smelled of ointments"
"gdje sam pobjegao sve je mirisalo na meleme"
"spices, wine, excess, sloth"
"začini, vino, višak, lijenost"

"How I hated this world of the rich"
"Kako sam mrzio ovaj svijet bogatih"
"I hated those who revel in fine food and the gamblers!"
"Mrzio sam one koji uživaju u dobroj hrani i kockare!"
"I hated myself for staying in this terrible world for so long!
„Mrzio sam sebe što sam tako dugo ostao u ovom užasnom svijetu!
"I have deprived, poisoned, and tortured myself"
"Ja sam sebe lišio, otrovao i mučio"
"I have made myself old and evil!"
"Učinio sam sebe starim i zlim!"
"No, I will never again do the things I liked doing so much"
"Ne, nikada više neću raditi stvari koje sam toliko volio raditi"
"I won't delude myself into thinking that Siddhartha was wise!"
"Neću se zavaravati da je Siddhartha bio mudar!"
"But this one thing I have done well"
"Ali ovo sam napravio dobro"
"this I like, this I must praise"
"ovo mi se sviđa, ovo moram pohvaliti"
"I like that there is now an end to that hatred against myself"
"Sviđa mi se što je sada kraj toj mržnji prema sebi"
"there is an end to that foolish and dreary life!"
"došao je kraj tom glupom i turobnom životu!"
"I praise you, Siddhartha, after so many years of foolishness"
"Slavim te, Siddhartha, nakon toliko godina gluposti"
"you have once again had an idea"
"opet si imao ideju"
"you have heard the bird in your chest singing"
"čuo si pticu u svojim grudima kako pjeva"
"and you followed the song of the bird!"
"i slijedio si pjev ptice!"
with these thoughts he praised himself
tim je mislima sam sebe pohvalio
he had found joy in himself again
ponovno je pronašao radost u sebi

he listened curiously to his stomach rumbling with hunger
radoznalo je slušao kako mu želudac krči od gladi
he had tasted and spat out a piece of suffering and misery
okusio je i ispljunuo komadić patnje i bijede
in these recent times and days, this is how he felt
u ova nedavna vremena i dane, ovako se osjećao
he had devoured it up to the point of desperation and death
proždirao ga je do točke očaja i smrti
how everything had happened was good
kako se sve dogodilo bilo je dobro
he could have stayed with Kamaswami for much longer
mogao je ostati s Kamaswamijem mnogo dulje
he could have made more money, and then wasted it
mogao je zaraditi više novca, a onda ga protratiti
he could have filled his stomach and let his soul die of thirst
mogao je napuniti želudac i pustiti dušu da umre od žeđi
he could have lived in this soft upholstered hell much longer
mogao je živjeti u ovom mekanom tapeciranom paklu mnogo duže
if this had not happened, he would have continued this life
da se to nije dogodilo, on bi nastavio ovaj život
the moment of complete hopelessness and despair
trenutak potpunog beznađa i očaja
the most extreme moment when he hung over the rushing waters
najekstremniji trenutak kad je visio nad uzburkanim vodama
the moment he was ready to destroy himself
u trenutku kada je bio spreman uništiti se
the moment he had felt this despair and deep disgust
u trenutku kad je osjetio ovaj očaj i duboko gađenje
he had not succumbed to it
nije mu podlegao
the bird was still alive after all
ptica je ipak bila živa
this was why he felt joy and laughed

zbog toga je osjećao radost i smijao se
this was why his face was smiling brightly under his hair
zbog toga mu se lice blistavo smiješilo ispod kose
his hair which had now turned gray
njegovu kosu koja je sada posijedjela
"It is good," he thought, "to get a taste of everything for oneself"
"Dobro je", mislio je, "sve okusiti sam."
"everything which one needs to know"
"sve što treba znati"
"lust for the world and riches do not belong to the good things"
"žudnja za svijetom i bogatstvom ne pripadaju dobrim stvarima"
"I have already learned this as a child"
"To sam već naučio kao dijete"
"I have known it for a long time"
"Znam to odavno"
"but I hadn't experienced it until now"
"ali to do sada nisam doživio"
"And now that I I've experienced it I know it"
"I sad kad sam to iskusio, znam to"
"I don't just know it in my memory, but in my eyes, heart, and stomach"
"Ne znam to samo u svom sjećanju, već u svojim očima, srcu i želucu"
"it is good for me to know this!"
"dobro je da to znam!"

For a long time, he pondered his transformation
Dugo je razmišljao o svojoj transformaciji
he listened to the bird, as it sang for joy
slušao je pticu, kako pjeva od radosti
Had this bird not died in him?
Nije li ova ptica umrla u njemu?
had he not felt this bird's death?

nije li osjetio smrt ove ptice?
No, something else from within him had died
Ne, nešto drugo iz njega je umrlo
something which yearned to die had died
umrlo je nešto što je žudjelo za smrću
Was it not this that he used to intend to kill?
Nije li to ono što je namjeravao ubiti?
Was it not his his small, frightened, and proud self that had died?
Nije li to njegovo malo, uplašeno i ponosno ja ono što je umrlo?
he had wrestled with his self for so many years
toliko se godina hrvao sam sa sobom
the self which had defeated him again and again
sebe koje ga je uvijek iznova pobjeđivalo
the self which was back again after every killing
sebe koje se vraćalo nakon svakog ubojstva
the self which prohibited joy and felt fear?
sebe koje je zabranjivalo radost i osjećalo strah?
Was it not this self which today had finally come to its death?
Nije li ovo jastvo danas konačno umrlo?
here in the forest, by this lovely river
ovdje u šumi, uz ovu lijepu rijeku
Was it not due to this death, that he was now like a child?
Nije li zbog ove smrti sada bio poput djeteta?
so full of trust and joy, without fear
tako pun povjerenja i radosti, bez straha
Now Siddhartha also got some idea of why he had fought this self in vain
Sada je i Siddhartha dobio neku ideju zašto se uzalud borio protiv sebe
he knew why he couldn't fight his self as a Brahman
znao je zašto se ne može boriti protiv sebe kao Brahmana
Too much knowledge had held him back
Previše znanja ga je sputavalo

too many holy verses, sacrificial rules, and self-castigation
previše svetih stihova, pravila žrtvovanja i samokažnjavanja
all these things held him back
sve su ga te stvari sputavale
so much doing and striving for that goal!
toliko rada i stremljenja ka tom cilju!
he had been full of arrogance
bio je pun arogancije
he was always the smartest
uvijek je bio najpametniji
he was always working the most
uvijek je najviše radio
he had always been one step ahead of all others
uvijek je bio korak ispred svih ostalih
he was always the knowing and spiritual one
uvijek je bio onaj koji zna i duhovan
he was always considered the priest or wise one
uvijek se smatrao svećenikom ili mudrim
his self had retreated into being a priest, arrogance, and spirituality
on se povukao u svećenika, arogancije i duhovnosti
there it sat firmly and grew all this time
tamo je čvrsto sjedio i rastao sve ovo vrijeme
and he had thought he could kill it by fasting
i mislio je da bi ga mogao ubiti postom
Now he saw his life as it had become
Sada je vidio svoj život onakvim kakav je postao
he saw that the secret voice had been right
vidio je da je tajni glas bio u pravu
no teacher would ever have been able to bring about his salvation
niti jedan učitelj nikada ne bi uspio ostvariti njegovo spasenje
Therefore, he had to go out into the world
Stoga je morao otići u svijet
he had to lose himself to lust and power
morao se izgubiti zbog požude i moći

he had to lose himself to women and money
morao se izgubiti zbog žena i novca
he had to become a merchant, a dice-gambler, a drinker
morao je postati trgovac, kockar, pijanac
and he had to become a greedy person
i morao je postati pohlepna osoba
he had to do this until the priest and Samana in him was dead
morao je to činiti sve dok svećenik i Samana u njemu ne budu mrtvi
Therefore, he had to continue bearing these ugly years
Stoga je morao nastaviti podnositi ove ružne godine
he had to bear the disgust and the teachings
morao je podnijeti gađenje i učenja
he had to bear the pointlessness of a dreary and wasted life
morao je podnijeti besmislenost turobnog i protraćenog života
he had to conclude it up to its bitter end
morao ju je zaključiti do gorkog kraja
he had to do this until Siddhartha the lustful could also die
morao je to činiti sve dok požudni Siddhartha također ne umre
He had died and a new Siddhartha had woken up from the sleep
On je umro i novi Siddhartha se probudio iz sna
this new Siddhartha would also grow old
ostario bi i ovaj novi Siddhartha
he would also have to die eventually
on bi također na kraju morao umrijeti
Siddhartha was still mortal, as is every physical form
Siddhartha je još uvijek bio smrtan, kao i svaki fizički oblik
But today he was young and a child and full of joy
Ali danas je bio mlad i dijete i pun radosti
He thought these thoughts to himself
Pomislio je te misli u sebi
he listened with a smile to his stomach
slušao je s osmijehom u trbuhu

he listened gratefully to a buzzing bee
sa zahvalnošću je slušao zujanje pčele
Cheerfully, he looked into the rushing river
Veselo je pogledao u jurnu rijeku
he had never before liked a water as much as this one
nikada prije nije volio vodu kao ovu
he had never before perceived the voice so stronger
nikada prije nije opazio glas tako snažnije
he had never understood the parable of the moving water so strongly
nikada nije tako snažno razumio parabolu o vodi koja se kreće
he had never before noticed how beautifully the river moved
nikada prije nije primijetio kako se rijeka lijepo kreće
It seemed to him, as if the river had something special to tell him
Činilo mu se, kao da mu rijeka ima nešto posebno reći
something he did not know yet, which was still awaiting him
nešto što još nije znao, što ga je još čekalo
In this river, Siddhartha had intended to drown himself
U ovoj se rijeci Siddhartha namjeravao utopiti
in this river the old, tired, desperate Siddhartha had drowned today
u ovoj se rijeci danas utopio stari, umorni, očajni Siddhartha
But the new Siddhartha felt a deep love for this rushing water
Ali novi Siddhartha je osjećao duboku ljubav prema ovoj žuborećoj vodi
and he decided for himself, not to leave it very soon
i odlučio je za sebe, ne napustiti ga vrlo brzo

The Ferryman
Skelardžija

"**By this river I want to stay**," **thought Siddhartha**
"Pored ove rijeke želim ostati", pomisli Siddhartha
"**it is the same river which I have crossed a long time ago**"
"to je ista rijeka koju sam davno prešao"
"**I was on my way to the childlike people**"
"Bio sam na putu do djetinjastih ljudi"
"**a friendly ferryman had guided me across the river**"
"ljubazni skelar me preveo preko rijeke"
"**he is the one I want to go to**"
"on je taj kod kojeg želim ići"
"**starting out from his hut, my path led me to a new life**"
"Krenuvši iz njegove kolibe, put me vodio u novi život"
"**a path which had grown old and is now dead**"
"put koji je ostario i sada je mrtav"
"**my present path shall also take its start there!**"
"moj sadašnji put također će započeti tamo!"
Tenderly, he looked into the rushing water
Nježno je pogledao u nabujalu vodu
he looked into the transparent green lines the water drew
gledao je u prozirne zelene linije koje je crtala voda
the crystal lines of water were rich in secrets
kristalne linije vode bile su bogate tajnama
he saw bright pearls rising from the deep
vidio je svijetle bisere kako se dižu iz dubine
quiet bubbles of air floating on the reflecting surface
tihi mjehurići zraka koji lebde na reflektirajućoj površini
the blue of the sky depicted in the bubbles
plavetnilo neba prikazano u mjehurićima
the river looked at him with a thousand eyes
rijeka ga je gledala s tisuću očiju
the river had green eyes and white eyes
rijeka je imala zelene oči i bijele oči
the river had crystal eyes and sky-blue eyes

rijeka je imala kristalne oči i nebeskoplave oči
he loved this water very much, it delighted him
jako je volio ovu vodu, oduševila ga je
he was grateful to the water
bio je zahvalan vodi
In his heart he heard the voice talking
U srcu je čuo glas kako govori
"Love this water! Stay near it!"
"Volite ovu vodu! Ostanite blizu nje!"
"Learn from the water!" his voice commanded him
"Uči od vode!" zapovijedao mu je glas
Oh yes, he wanted to learn from it
O da, želio je učiti iz toga
he wanted to listen to the water
htio je slušati vodu
He who would understand this water's secrets
Tko bi razumio tajne ove vode
he would also understand many other things
razumio bi i mnoge druge stvari
this is how it seemed to him
ovako mu se činilo
But out of all secrets of the river, today he only saw one
Ali od svih tajni rijeke danas je vidio samo jednu
this secret touched his soul
ova tajna ganula je njegovu dušu
this water ran and ran, incessantly
ova je voda tekla i tekla, bez prestanka
the water ran, but nevertheless it was always there
voda je tekla, ali unatoč tome uvijek je bila tu
the water always, at all times, was the same
voda je uvijek, u svakom trenutku, bila ista
and at the same time it was new in every moment
a ujedno je bilo novo u svakom trenutku
he who could grasp this would be great
onaj tko bi ovo mogao shvatiti bio bi izvrstan
but he didn't understand or grasp it

ali on to nije razumio ni shvatio
he only felt some idea of it stirring
samo je osjetio neku predodžbu o tome kako se pokreće
it was like a distant memory, a divine voices
bilo je to kao daleka uspomena, božanski glasovi

Siddhartha rose as the workings of hunger in his body became unbearable
Siddhartha je ustao kad je djelovanje gladi u njegovom tijelu postalo nepodnošljivo
In a daze he walked further away from the city
U bunilu je hodao dalje od grada
he walked up the river along the path by the bank
hodao je uz rijeku stazom uz obalu
he listened to the current of the water
osluškivao je strujanje vode
he listened to the rumbling hunger in his body
slušao je tutnjavu gladi u svom tijelu
When he reached the ferry, the boat was just arriving
Kad je stigao do trajekta, brod je upravo pristizao
the same ferryman who had once transported the young Samana across the river
isti onaj skelar koji je jednom prevezao mladog Samanu preko rijeke
he stood in the boat and Siddhartha recognised him
stajao je u čamcu i Siddhartha ga je prepoznao
he had also aged very much
također je jako ostario
the ferryman was astonished to see such an elegant man walking on foot
skelar se začudio vidjevši tako elegantnog čovjeka kako hoda pješice
"Would you like to ferry me over?" he asked
"Želite li me prevesti ovamo?" upita on
he took him into his boat and pushed it off the bank
uzeo ga je u svoj čamac i gurnuo ga s obale

"It's a beautiful life you have chosen for yourself" the passenger spoke
"Lijep je to život koji ste sami odabrali", rekao je putnik
"It must be beautiful to live by this water every day"
"Mora da je lijepo živjeti uz ovu vodu svaki dan"
"and it must be beautiful to cruise on it on the river"
"i mora biti lijepo krstariti njime rijekom"
With a smile, the man at the oar moved from side to side
Uz osmijeh, čovjek za veslom pomicao se s jedne strane na drugu
"It is as beautiful as you say, sir"
"Lijepo je kao što kažete, gospodine"
"But isn't every life and all work beautiful?"
"Ali nije li svaki život i svaki rad lijep?"
"This may be true" replied Siddhartha
"Ovo bi moglo biti istina", odgovori Siddhartha
"But I envy you for your life"
"Ali zavidim ti na tvom životu"
"Ah, you would soon stop enjoying it"
"Ah, uskoro biste prestali uživati u tome"
"This is no work for people wearing fine clothes"
"Ovo nije posao za ljude koji nose finu odjeću"
Siddhartha laughed at the observation
Siddhartha se nasmijao tom opažanju
"Once before, I have been looked upon today because of my clothes"
"Jednom prije, danas su me gledali zbog odjeće"
"I have been looked upon with distrust"
"Gledali su me s nepovjerenjem"
"they are a nuisance to me"
"oni su mi smetnja"
"Wouldn't you, ferryman, like to accept these clothes"
"Zar ne bi, skelaru, htio prihvatiti ovu odjeću"
"because you must know, I have no money to pay your fare"
"jer moraš znati, nemam novca da ti platim kartu"
"You're joking, sir," the ferryman laughed

"Šalite se, gospodine", nasmijao se skelar
"I'm not joking, friend"
"Ne šalim se, prijatelju"
"once before you have ferried me across this water in your boat"
"jednom prije si me prevezao preko ove vode u svom čamcu"
"you did it for the immaterial reward of a good deed"
"učinio si to za nematerijalnu nagradu dobrog djela"
"ferry me across the river and accept my clothes for it"
"prevezi me preko rijeke i prihvati moju odjeću za to"
"And do you, sir, intent to continue travelling without clothes?"
"A vi, gospodine, namjeravate nastaviti putovati bez odjeće?"
"Ah, most of all I wouldn't want to continue travelling at all"
"Ah, najviše od svega ne bih želio uopće nastaviti putovati"
"I would rather you gave me an old loincloth"
"Radije bih da mi daš staru krpu"
"I would like it if you kept me with you as your assistant"
"Volio bih da me zadržite uz sebe kao svog pomoćnika"
"or rather, I would like if you accepted me as your trainee"
"odnosno volio bih da me primite za svog pripravnika"
"because first I'll have to learn how to handle the boat"
"jer prvo ću morati naučiti upravljati čamcem"
For a long time, the ferryman looked at the stranger
Skelar je dugo gledao stranca
he was searching in his memory for this strange man
tražio je u svom sjećanju ovog čudnog čovjeka
"Now I recognise you," he finally said
"Sada te prepoznajem", konačno je rekao
"At one time, you've slept in my hut"
"Jednom si spavao u mojoj kolibi"
"this was a long time ago, possibly more than twenty years"
"ovo je bilo davno, možda više od dvadeset godina"
"and you've been ferried across the river by me"
"i ja sam te prevezao preko rijeke"
"that day we parted like good friends"

"taj dan smo se rastali kao dobri prijatelji"
"Haven't you been a Samana?"
"Zar nisi bio Samana?"
"I can't think of your name anymore"
"Ne mogu se više sjetiti tvog imena"
"My name is Siddhartha, and I was a Samana"
"Zovem se Siddhartha i bio sam Samana"
"I had still been a Samana when you last saw me"
"Još uvijek sam bio Samana kad si me posljednji put vidio"
"So be welcome, Siddhartha. My name is Vasudeva"
"Pa budi dobrodošao, Siddhartha. Moje ime je Vasudeva"
"You will, so I hope, be my guest today as well"
"Vi ćete, nadam se, biti moj gost i danas"
"and you may sleep in my hut"
"i možeš spavati u mojoj kolibi"
"and you may tell me, where you're coming from"
"i možeš mi reći odakle dolaziš"
"and you may tell me why these beautiful clothes are such a nuisance to you"
"i možeš mi reći zašto ti ova lijepa odjeća smeta"
They had reached the middle of the river
Stigli su do sredine rijeke
Vasudeva pushed the oar with more strength
Vasudeva je još jače gurnuo veslo
in order to overcome the current
kako bi se prevladala struja
He worked calmly, with brawny arms
Radio je smireno, hrapavih ruku
his eyes were fixed in on the front of the boat
oči su mu bile uprte u prednji dio čamca
Siddhartha sat and watched him
Siddhartha je sjedio i promatrao ga
he remembered his time as a Samana
sjećao se svog vremena kao samana
he remembered how love for this man had stirred in his heart

sjetio se kako se ljubav prema ovom čovjeku uzburkala u njegovu srcu
Gratefully, he accepted Vasudeva's invitation
Sa zahvalnošću je prihvatio Vasudevin poziv
When they had reached the bank, he helped him to tie the boat to the stakes
Kad su stigli do obale, pomogao mu je da priveže čamac za stupove
after this, the ferryman asked him to enter the hut
nakon toga, skelar ga je zamolio da uđe u kolibu
he offered him bread and water, and Siddhartha ate with eager pleasure
ponudio mu je kruh i vodu, a Siddhartha je jeo s nestrpljivim užitkom
and he also ate with eager pleasure of the mango fruits Vasudeva offered him
a također je sa željnim užitkom jeo plodove manga koje mu je ponudio Vasudeva

Afterwards, it was almost the time of the sunset
Poslije je bilo skoro vrijeme zalaska sunca
they sat on a log by the bank
sjeli su na kladu kraj obale
Siddhartha told the ferryman about where he originally came from
Siddhartha je ispričao skelaru odakle je došao
he told him about his life as he had seen it today
pričao mu je o svom životu kako ga je on danas vidio
the way he had seen it in that hour of despair
onako kako ga je on vidio u tom času očaja
the tale of his life lasted late into the night
priča o njegovom životu trajala je do kasno u noć
Vasudeva listened with great attention
Vasudeva je slušao s velikom pozornošću
Listening carefully, he let everything enter his mind
Pažljivo slušajući, dopustio je da mu sve padne na pamet

birthplace and childhood, all that learning
mjesto rođenja i djetinjstvo, svo to učenje
all that searching, all joy, all distress
sva ta potraga, sva radost, sva nevolja
This was one of the greatest virtues of the ferryman
To je bila jedna od najvećih vrlina skelara
like only a few, he knew how to listen
kao samo rijetki, znao je slušati
he did not have to speak a word
nije morao progovoriti ni riječi
but the speaker sensed how Vasudeva let his words enter his mind
ali govornik je osjetio kako je Vasudeva dopustio da mu riječi uđu u um
his mind was quiet, open, and waiting
njegov je um bio tih, otvoren i čekao
he did not lose a single word
nije izgubio ni jednu riječ
he did not await a single word with impatience
nije s nestrpljenjem čekao ni jednu riječ
he did not add his praise or rebuke
nije dodao svoju pohvalu ni pokudu
he was just listening, and nothing else
samo je slušao, i ništa više
Siddhartha felt what a happy fortune it is to confess to such a listener
Siddhartha je osjetio kakva je sreća ispovijedati se takvom slušatelju
he felt fortunate to bury in his heart his own life
osjećao se sretnim što je u svoje srce zakopao vlastiti život
he buried his own search and suffering
pokopao je vlastitu potragu I patnju
he told the tale of Siddhartha's life
ispričao je priču o Siddharthinom životu
when he spoke of the tree by the river
kad je govorio o drvetu kraj rijeke

when he spoke of his deep fall
kada je govorio o svom dubokom padu
when he spoke of the holy Om
kada je govorio o svetom Om
when he spoke of how he had felt such a love for the river
kad je govorio o tome kako je osjetio takvu ljubav prema rijeci
the ferryman listened to these things with twice as much attention
skelar je te stvari slušao s dvostruko više pažnje
he was entirely and completely absorbed by it
bio je potpuno i potpuno apsorbiran njime
he was listening with his eyes closed
slušao je zatvorenih očiju
when Siddhartha fell silent a long silence occurred
kada je Siddhartha zašutio nastupila je duga tišina
then Vasudeva spoke "It is as I thought"
tada je Vasudeva progovorio "Tako je kako sam mislio"
"The river has spoken to you"
"Rijeka ti je progovorila"
"the river is your friend as well"
"rijeka je i tvoj prijatelj"
"the river speaks to you as well"
"I tebi rijeka govori"
"That is good, that is very good"
"To je dobro, to je jako dobro"
"Stay with me, Siddhartha, my friend"
"Ostani sa mnom, Siddhartha, prijatelju"
"I used to have a wife"
"Imao sam ženu"
"her bed was next to mine"
"njen krevet je bio do mog"
"but she has died a long time ago"
"ali ona je davno umrla"
"for a long time, I have lived alone"
"dugo sam živio sam"
"Now, you shall live with me"

"Sada ćeš živjeti sa mnom"
"there is enough space and food for both of us"
"ima dovoljno mjesta i hrane za oboje"
"I thank you," said Siddhartha
"Zahvaljujem ti", rekao je Siddhartha
"I thank you and accept"
"Zahvaljujem i prihvaćam"
"And I also thank you for this, Vasudeva"
"Zahvaljujem ti i na ovome, Vasudeva"
"I thank you for listening to me so well"
"Hvala ti što si me tako dobro slušao"
"people who know how to listen are rare"
"rijetki su ljudi koji znaju slušati"
"I have not met a single person who knew it as well as you do"
"Nisam sreo nijednu osobu koja je to znala tako dobro kao ti"
"I will also learn in this respect from you"
"I u tom ću pogledu učiti od tebe"
"You will learn it," spoke Vasudeva
"Naučit ćeš to", reče Vasudeva
"but you will not learn it from me"
"ali to nećeš naučiti od mene"
"The river has taught me to listen"
"Rijeka me je naučila da slušam"
"you will learn to listen from the river as well"
"naučit ćeš slušati i s rijeke"
"It knows everything, the river"
"Sve zna, rijeka"
"everything can be learned from the river"
"iz rijeke se sve može naučiti"
"See, you've already learned this from the water too"
"Vidiš, i ovo si već naučio iz vode"
"you have learned that it is good to strive downwards"
"naučili ste da je dobro težiti prema dolje"
"you have learned to sink and to seek depth"
"naučio si tonuti i tražiti dubinu"

"The rich and elegant Siddhartha is becoming an oarsman's servant"
"Bogati i elegantni Siddhartha postaje sluga veslača"
"the learned Brahman Siddhartha becomes a ferryman"
"učeni Brahman Siddhartha postaje skelar"
"this has also been told to you by the river"
"ovo ti je također rekla rijeka"
"You'll learn the other thing from it as well"
"Iz toga ćeš naučiti i ono drugo"
Siddhartha spoke after a long pause
Siddhartha je progovorio nakon duge stanke
"What other things will I learn, Vasudeva?"
"Koje ću još stvari naučiti, Vasudeva?"
Vasudeva rose. "It is late," he said
Vasudeva je ustao. "Kasno je", rekao je
and Vasudeva proposed going to sleep
a Vasudeva je predložio odlazak na spavanje
"I can't tell you that other thing, oh friend"
"Ne mogu ti reći tu drugu stvar, o prijatelju"
"You'll learn the other thing, or perhaps you know it already"
"Ono drugo ćeš naučiti, ili možda već znaš"
"See, I'm no learned man"
"Vidiš, ja nisam učen čovjek"
"I have no special skill in speaking"
"Nemam posebnu vještinu govora"
"I also have no special skill in thinking"
"Također nemam nikakvu posebnu vještinu razmišljanja"
"All I'm able to do is to listen and to be godly"
"Sve što mogu učiniti je slušati i biti pobožan"
"I have learned nothing else"
"ništa drugo nisam naučio"
"If I was able to say and teach it, I might be a wise man"
"Kad bih to mogao reći i poučiti, možda bih bio mudar čovjek"
"but like this I am only a ferryman"
"ali ovako ja sam samo skelar"

"and it is my task to ferry people across the river"
"a moj je zadatak prevoziti ljude preko rijeke"
"I have transported many thousands of people"
"Prevezao sam tisuće ljudi"
"and to all of them, my river has been nothing but an obstacle"
"i svima njima moja rijeka je bila samo prepreka"
"it was something that got in the way of their travels"
"to je nešto što im je smetalo na putu"
"they travelled to seek money and business"
"putovali su tražiti novac i posao"
"they travelled for weddings and pilgrimages"
"putovali su na svadbe i hodočašća"
"and the river was obstructing their path"
"i rijeka im je priječila put"
"the ferryman's job was to get them quickly across that obstacle"
"posao brodara je bio da ih brzo prevede preko te prepreke"
"But for some among thousands, a few, the river has stopped being an obstacle"
"Ali za neke od tisuća, nekolicinu, rijeka je prestala biti prepreka"
"they have heard its voice and they have listened to it"
"čuli su njegov glas i poslušali su ga"
"and the river has become sacred to them"
"i rijeka im je postala sveta"
"it become sacred to them as it has become sacred to me"
"postalo im je sveto kao što je postalo sveto meni"
"for now, let us rest, Siddhartha"
"za sada, odmorimo se, Siddhartha"

Siddhartha stayed with the ferryman and learned to operate the boat
Siddhartha je ostao sa brodarom i naučio upravljati čamcem
when there was nothing to do at the ferry, he worked with Vasudeva in the rice-field

kad nije imao što raditi na trajektu, radio je s Vasudevom na rižinom polju
he gathered wood and plucked the fruit off the banana-trees
skupljao je drva i trgao plodove sa stabala banana
He learned to build an oar and how to mend the boat
Naučio je sastaviti veslo i popraviti čamac
he learned how to weave baskets and repaid the hut
naučio je plesti košare i odužio se kolibi
and he was joyful because of everything he learned
i bio je radostan zbog svega što je naučio
the days and months passed quickly
dani i mjeseci brzo su prolazili
But more than Vasudeva could teach him, he was taught by the river
Ali više nego što ga je Vasudeva mogao naučiti, naučila ga je rijeka
Incessantly, he learned from the river
Neprestano je učio iz rijeke
Most of all, he learned to listen
Najviše od svega, naučio je slušati
he learned to pay close attention with a quiet heart
naučio je dobro paziti s tihim srcem
he learned to keep a waiting, open soul
naučio je zadržati otvorenu dušu koja čeka
he learned to listen without passion
naučio je slušati bez strasti
he learned to listen without a wish
naučio je slušati bez želje
he learned to listen without judgement
naučio je slušati bez prosuđivanja
he learned to listen without an opinion
naučio je slušati bez mišljenja

In a friendly manner, he lived side by side with Vasudeva
Prijateljski je živio rame uz rame s Vasudevom
occasionally they exchanged some words

povremeno su razmijenili koju riječ
then, at length, they thought about the words
zatim su naposljetku razmišljali o riječima
Vasudeva was no friend of words
Vasudeva nije bio prijatelj riječi
Siddhartha rarely succeeded in persuading him to speak
Siddhartha ga je rijetko uspijevao nagovoriti da progovori
"did you too learn that secret from the river?"
"jesi li i ti saznao tu tajnu iz rijeke?"
"the secret that there is no time?"
"tajna da nema vremena?"
Vasudeva's face was filled with a bright smile
Vasudevino lice bilo je ispunjeno blistavim osmijehom
"Yes, Siddhartha," he spoke
"Da, Siddhartha", rekao je
"I learned that the river is everywhere at once"
"Naučio sam da je rijeka svuda odjednom"
"it is at the source and at the mouth of the river"
"nalazi se na izvoru i na ušću rijeke"
"it is at the waterfall and at the ferry"
"na vodopadu je i na trajektu"
"it is at the rapids and in the sea"
"na brzacima je i u moru"
"it is in the mountains and everywhere at once"
"u planinama je i posvuda odjednom"
"and I learned that there is only the present time for the river"
"i naučio sam da za rijeku postoji samo sadašnje vrijeme"
"it does not have the shadow of the past"
"nema sjenku prošlosti"
"and it does not have the shadow of the future"
"i nema sjenu budućnosti"
"is this what you mean?" he asked
"je li to ono što misliš?" upita on
"This is what I meant," said Siddhartha
"Ovo sam mislio", rekao je Siddhartha

"And when I had learned it, I looked at my life"
"A kad sam to naučio, pogledao sam svoj život"
"and my life was also a river"
"i moj život je također bio rijeka"
"the boy Siddhartha was only separated from the man Siddhartha by a shadow"
"dječaka Siddharthu od čovjeka Siddharthu dijelila je samo sjena"
"and a shadow separated the man Siddhartha from the old man Siddhartha"
"i sjena je odvojila čovjeka Siddhartha od starca Siddhartha"
"things are separated by a shadow, not by something real"
"stvari su odvojene sjenom, a ne nečim stvarnim"
"Also, Siddhartha's previous births were not in the past"
"Također, Siddharthina prethodna rođenja nisu bila u prošlosti"
"and his death and his return to Brahma is not in the future"
"i njegova smrt i njegov povratak Brahmi nisu u budućnosti"
"nothing was, nothing will be, but everything is"
"ništa nije bilo, ništa neće biti, ali sve jeste"
"everything has existence and is present"
"sve postoji i prisutno je"
Siddhartha spoke with ecstasy
Siddhartha je govorio s ekstazom
this enlightenment had delighted him deeply
ovo ga je prosvjetljenje duboko oduševilo
"was not all suffering time?"
"nije li sve vrijeme patnje?"
"were not all forms of tormenting oneself a form of time?"
"nisu li svi oblici mučenja bili oblik vremena?"
"was not everything hard and hostile because of time?"
"nije li sve bilo teško i neprijateljski zbog vremena?"
"is not everything evil overcome when one overcomes time?"
"Nije li sve zlo pobijeđeno kada se nadvlada vrijeme?"
"as soon as time leaves the mind, does suffering leave too?"
"čim vrijeme napusti um, odlazi li i patnja?"

Siddhartha had spoken in ecstatic delight
Siddhartha je govorio u ekstatičnom oduševljenju
but Vasudeva smiled at him brightly and nodded in confirmation
ali Vasudeva mu se blistavo nasmiješio i potvrdio kimnuo
silently he nodded and brushed his hand over Siddhartha's shoulder
tiho je kimnuo i prešao rukom preko Siddharthinog ramena
and then he turned back to his work
a onda se vratio svom poslu

And Siddhartha asked Vasudeva again another time
I Siddhartha je opet pitao Vasudevu drugi put
the river had just increased its flow in the rainy season
rijeka je upravo povećala svoj tok u kišnoj sezoni
and it made a powerful noise
i stvarala je snažnu buku
"Isn't it so, oh friend, the river has many voices?"
"Nije li tako, o prijatelju, rijeka ima mnogo glasova?"
"Hasn't it the voice of a king and of a warrior?"
"Nije li to glas kralja i ratnika?"
"Hasn't it the voice of of a bull and of a bird of the night?"
"Nije li to glas bika i noćne ptice?"
"Hasn't it the voice of a woman giving birth and of a sighing man?"
"Nije li to glas žene koja rađa i čovjeka koji uzdiše?"
"and does it not also have a thousand other voices?"
"a nema li i tisuću drugih glasova?"
"it is as you say it is," Vasudeva nodded
"tako je kako kažeš da jest", kimne Vasudeva
"all voices of the creatures are in its voice"
"svi glasovi stvorenja su u njegovom glasu"
"And do you know..." Siddhartha continued
"A znaš li..." nastavi Siddhartha
"what word does it speak when you succeed in hearing all of voices at once?"

"koju riječ izgovara kad uspijete čuti sve glasove odjednom?"
Happily, Vasudeva's face was smiling
Sretno, Vasudevino lice se smiješilo
he bent over to Siddhartha and spoke the holy Om into his ear
sagnuo se prema Siddharthi i izgovorio mu sveti Om na uho
And this had been the very thing which Siddhartha had also been hearing
I to je bila ista stvar koju je i Siddhartha čuo

time after time, his smile became more similar to the ferryman's
s vremena na vrijeme njegov je osmijeh postajao sve sličniji skelarovu
his smile became almost just as bright as the ferryman's
osmijeh mu je postao gotovo jednako blistav kao i skelarčev
it was almost just as thoroughly glowing with bliss
bilo je gotovo jednako potpuno blistavo od blaženstva
shining out of thousand small wrinkles
sjajeći iz tisuća sitnih bora
just like the smile of a child
baš kao osmijeh djeteta
just like the smile of an old man
baš kao osmijeh starca
Many travellers, seeing the two ferrymen, thought they were brothers
Mnogi su putnici, ugledavši dvojicu skelara, pomislili da su braća
Often, they sat in the evening together by the bank
Često su sjedili navečer zajedno pored banke
they said nothing and both listened to the water
nisu ništa rekli i oboje su slušali vodu
the water, which was not water to them
vodu, koja za njih nije bila voda
it wasn't water, but the voice of life
to nije bila voda, nego glas života

the voice of what exists and what is eternally taking shape
glas onoga što postoji i što se vječno oblikuje
it happened from time to time that both thought of the same thing
događalo se s vremena na vrijeme da obojica misle na isto
they thought of a conversation from the day before
mislili su na razgovor od prethodnog dana
they thought of one of their travellers
pomislili su na jednog od svojih putnika
they thought of death and their childhood
mislili su na smrt i svoje djetinjstvo
they heard the river tell them the same thing
čuli su kako im rijeka govori isto
both delighted about the same answer to the same question
oboje oduševljeni istim odgovorom na isto pitanje
There was something about the two ferrymen which was transmitted to others
Bilo je nešto u vezi s dvojicom brodara što je prenijeto drugima
it was something which many of the travellers felt
bilo je to nešto što su mnogi putnici osjećali
travellers would occasionally look at the faces of the ferrymen
putnici bi povremeno gledali u lica skelara
and then they told the story of their life
a zatim su ispričali priču o svom životu
they confessed all sorts of evil things
ispovijedali su svakakve zle stvari
and they asked for comfort and advice
i tražili su utjehu i savjet
occasionally someone asked for permission to stay for a night
povremeno je netko tražio dopuštenje da ostane prespavati
they also wanted to listen to the river
htjeli su slušati i rijeku
It also happened that curious people came

Događalo se i da dolaze znatiželjnici
they had been told that there were two wise men
rečeno im je da postoje dva mudraca
or they had been told there were two sorcerers
ili im je rečeno da postoje dva čarobnjaka
The curious people asked many questions
Znatiželjnici su postavljali mnoga pitanja
but they got no answers to their questions
ali nisu dobili odgovore na svoja pitanja
they found neither sorcerers nor wise men
nisu našli ni čarobnjake ni mudrace
they only found two friendly little old men, who seemed to be mute
našli su samo dva prijateljska mala starca, koji su izgleda bili nijemi
they seemed to have become a bit strange in the forest by themselves
činilo se da su sami od sebe postali pomalo čudni u šumi
And the curious people laughed about what they had heard
A znatiželjnici su se smijali onome što su čuli
they said common people were foolishly spreading empty rumours
rekli su da obični ljudi glupo šire prazne glasine

The years passed by, and nobody counted them
Godine su prolazile, a nitko ih nije brojao
Then, at one time, monks came by on a pilgrimage
Onda su jedno vrijeme navratili redovnici na hodočašće
they were followers of Gotama, the Buddha
bili su sljedbenici Gotame, Bude
they asked to be ferried across the river
tražili su da ih se preveze čamcem preko rijeke
they told them they were in a hurry to get back to their wise teacher
rekli su im da se žure vratiti svome mudrom učitelju
news had spread the exalted one was deadly sick

vijest se proširila, uzvišeni je bio smrtno bolestan
he would soon die his last human death
uskoro će umrijeti svojom posljednjom ljudskom smrću
in order to become one with the salvation
kako bi postali jedno sa spasenjem
It was not long until a new flock of monks came
Nije prošlo dugo dok nije došlo novo stado redovnika
they were also on their pilgrimage
bili su i na svom hodočašću
most of the travellers spoke of nothing other than Gotama
većina putnika nije govorila ni o čemu drugom osim o Gotami
his impending death was all they thought about
njegova nadolazeća smrt bila je sve o čemu su razmišljali
if there had been war, just as many would travel
da je bio rat isto toliko bi putovalo
just as many would come to the coronation of a king
baš kao što bi mnogi došli na krunidbu nekog kralja
they gathered like ants in droves
okupili su se kao mravi u gomilama
they flocked, like being drawn onwards by a magic spell
hrlili su, kao da ih je vukla magija
they went to where the great Buddha was awaiting his death
otišli su tamo gdje je veliki Buddha čekao svoju smrt
the perfected one of an era was to become one with the glory
onaj savršeni jednog doba trebao je postati jedno sa slavom
Often, Siddhartha thought in those days of the dying wise man
Siddhartha je tih dana često razmišljao o umirućem mudracu
the great teacher whose voice had admonished nations
veliki učitelj čiji je glas opominjao narode
the one who had awoken hundreds of thousands
onaj koji je probudio stotine tisuća
a man whose voice he had also once heard
čovjek čiji je glas također jednom čuo
a teacher whose holy face he had also once seen with respect
učitelj čije je sveto lice također jednom vidio s poštovanjem

Kindly, he thought of him
Ljubazno, pomislio je na njega
he saw his path to perfection before his eyes
pred očima je vidio svoj put do savršenstva
and he remembered with a smile those words he had said to him
a on se sa smiješkom sjeti onih riječi koje mu je rekao
when he was a young man and spoke to the exalted one
kada je bio mladić i razgovarao s uzvišenim
They had been, so it seemed to him, proud and precious words
Bile su to, tako mu se činilo, ponosne i dragocjene riječi
with a smile, he remembered the the words
s osmijehom se sjetio riječi
he knew that there was nothing standing between Gotama and him any more
znao je da između Gotame i njega više ništa ne stoji
he had known this for a long time already
znao je to već dugo vremena
though he was still unable to accept his teachings
iako još uvijek nije bio u stanju prihvatiti njegova učenja
there was no teaching a truly searching person
nije bilo poučavanja istinski tragajuće osobe
someone who truly wanted to find, could accept
netko tko je istinski želio pronaći, mogao je prihvatiti
But he who had found the answer could approve of any teaching
Ali onaj tko je pronašao odgovor mogao je odobriti svako učenje
every path, every goal, they were all the same
svaki put, svaki cilj, svi su bili isti
there was nothing standing between him and all the other thousands any more
ništa više nije stajalo između njega i svih ostalih tisuća
the thousands who lived in that what is eternal
tisuće koje su živjele u onom što je vječno

the thousands who breathed what is divine
tisuće koji su udahnuli ono što je božansko

On one of these days, Kamala also went to him
Jednog od ovih dana, Kamala je također otišla k njemu
she used to be the most beautiful of the courtesans
nekad je bila najljepša među kurtizanama
A long time ago, she had retired from her previous life
Davno se povukla iz svog prijašnjeg života
she had given her garden to the monks of Gotama as a gift
dala je svoj vrt redovnicima Gotame na dar
she had taken her refuge in the teachings
bila je našla utočište u učenjima
she was among the friends and benefactors of the pilgrims
bila je među prijateljima i dobročiniteljima hodočasnika
she was together with Siddhartha, the boy
bila je zajedno sa Siddharthom, dječakom
Siddhartha the boy was her son
Dječak Siddhartha bio je njezin sin
she had gone on her way due to the news of the near death of Gotama
otišla je na put zbog vijesti o skoroj smrti Gotame
she was in simple clothes and on foot
bila je u jednostavnoj odjeći i pješice
and she was With her little son
i bila je Sa svojim sinčićem
she was travelling by the river
putovala je uz rijeku
but the boy had soon grown tired
ali dječak se ubrzo umorio
he desired to go back home
želio se vratiti kući
he desired to rest and eat
želio je odmoriti se i jesti
he became disobedient and started whining
postao je neposlušan i počeo cviliti

Kamala often had to take a rest with him
Kamala se s njim često morala odmarati
he was accustomed to getting what he wanted
bio je navikao da dobije ono što želi
she had to feed him and comfort him
morala ga je hraniti i tješiti
she had to scold him for his behaviour
morala ga je grditi zbog ponašanja
He did not comprehend why he had to go on this exhausting pilgrimage
Nije shvaćao zašto je morao ići na ovo iscrpljujuće hodočašće
he did not know why he had to go to an unknown place
nije znao zašto mora otići na nepoznato mjesto
he did know why he had to see a holy dying stranger
znao je zašto mora vidjeti svetog umirućeg stranca
"So what if he died?" he complained
"Pa što ako je umro?" požalio se
why should this concern him?
zašto bi se to njega ticalo?
The pilgrims were getting close to Vasudeva's ferry
Hodočasnici su se približavali Vasudevinom trajektu
little Siddhartha once again forced his mother to rest
mali Siddhartha još je jednom prisilio svoju majku na počinak
Kamala had also become tired
Kamala je također postala umorna
while the boy was chewing a banana, she crouched down on the ground
dok je dječak žvakao bananu, ona je čučnula na tlo
she closed her eyes a bit and rested
malo zatvorila oči i odmorila se
But suddenly, she uttered a wailing scream
Ali iznenada je zaplakala
the boy looked at her in fear
dječak ju je uplašeno pogledao
he saw her face had grown pale from horror
vidio je da joj je lice problijedilo od užasa

and from under her dress, a small, black snake fled
a ispod njezine haljine pobjegla je mala, crna zmija
a snake by which Kamala had been bitten
zmija koju je ugrizla Kamala
Hurriedly, they both ran along the path, to reach people
Žurno su obojica trčala stazom, da dođu do ljudi
they got near to the ferry and Kamala collapsed
približili su se trajektu i Kamala se srušila
she was not able to go any further
nije bila u stanju dalje
the boy started crying miserably
dječak je počeo jadno plakati
his cries were only interrupted when he kissed his mother
njegov plač je prekinut tek kad je poljubio majku
she also joined his loud screams for help
pridružila se i ona njegovim glasnim kricima upomoć
she screamed until the sound reached Vasudeva's ears
vrištala je dok zvuk nije dopro do Vasudevinih ušiju
Vasudeva quickly came and took the woman on his arms
Vasudeva je brzo došao i uzeo ženu na ruke
he carried her into the boat and the boy ran along
odnio ju je u čamac, a dječak je potrčao
soon they reached the hut, where Siddhartha stood by the stove
uskoro su stigli do kolibe, gdje je Siddhartha stajao kraj peći
he was just lighting the fire
samo je ložio vatru
He looked up and first saw the boy's face
Podigao je pogled i prvo ugledao dječakovo lice
it wondrously reminded him of something
čudesno ga je podsjetilo na nešto
like a warning to remember something he had forgotten
kao upozorenje da se sjeti nečega što je zaboravio
Then he saw Kamala, whom he instantly recognised
Tada je ugledao Kamalu, koju je odmah prepoznao
she lay unconscious in the ferryman's arms

ležala je bez svijesti u skelarovim rukama
now he knew that it was his own son
sada je znao da je to njegov vlastiti sin
his son whose face had been such a warning reminder to him
njegov sin čije mu je lice bilo takav podsjetnik upozorenja
and the heart stirred in his chest
a srce mu se uzburkalo u grudima
Kamala's wound was washed, but had already turned black
Kamalina rana bila je isprana, ali je već pocrnila
and her body was swollen
a tijelo joj je bilo natečeno
she was made to drink a healing potion
natjerali su je da popije ljekoviti napitak
Her consciousness returned and she lay on Siddhartha's bed
Svijest joj se vratila i legla je na Siddhartin krevet
Siddhartha stood over Kamala, who he used to love so much
Siddhartha je stajao iznad Kamale, koju je prije toliko volio
It seemed like a dream to her
Činilo joj se kao san
with a smile, she looked at her friend's face
s osmijehom je pogledala prijateljicino lice
slowly she realized her situation
polako je shvaćala svoju situaciju
she remembered she had been bitten
sjetila se da je ugrizena
and she timidly called for her son
a ona je bojažljivo pozvala sina
"He's with you, don't worry," said Siddhartha
"On je s tobom, ne brini", reče Siddhartha
Kamala looked into his eyes
Kamala ga je pogledala u oči
She spoke with a heavy tongue, paralysed by the poison
Govorila je teškim jezikom, paralizirana otrovom
"You've become old, my dear," she said
"Ostario si, dragi moj", rekla je

"you've become gray," she added
"Postao si siv", dodala je
"But you are like the young Samana, who came without clothes"
"Ali ti si kao mlada Samana, koja je došla bez odjeće"
"you're like the Samana who came into my garden with dusty feet"
"ti si kao Samana koja je ušla u moj vrt prašnjavih nogu"
"You are much more like him than you were when you left me"
"Mnogo si sličniji njemu nego što si bio kad si me ostavio"
"In the eyes, you're like him, Siddhartha"
"U očima, ti si kao on, Siddhartha"
"Alas, I have also grown old"
"Avaj, i ja sam ostario"
"could you still recognise me?"
"možeš li me još prepoznati?"
Siddhartha smiled, "Instantly, I recognised you, Kamala, my dear"
Siddhartha se nasmiješio: "Odmah sam te prepoznao, Kamala, draga moja"
Kamala pointed to her boy
Kamala je pokazala na svog dječaka
"Did you recognise him as well?"
"Jeste li ga i vi prepoznali?"
"He is your son," she confirmed
"On je tvoj sin", potvrdila je
Her eyes became confused and fell shut
Oči su joj se zbunile i zatvorile
The boy wept and Siddhartha took him on his knees
Dječak je zaplakao i Siddhartha ga je uzeo na koljena
he let him weep and petted his hair
pustio ga je da plače i mazio ga po kosi
at the sight of the child's face, a Brahman prayer came to his mind

pri pogledu na djetetovo lice, Brahmanova molitva mu je pala na pamet
a prayer which he had learned a long time ago
dovu koju je davno naučio
a time when he had been a little boy himself
vrijeme kada je i sam bio mali dječak
Slowly, with a singing voice, he started to speak
Polako, pjevajući glasom, počeo je govoriti
from his past and childhood, the words came flowing to him
iz njegove prošlosti i djetinjstva, riječi su mu tekle
And with that song, the boy became calm
I uz tu pjesmu dječak se smirio
he was only now and then uttering a sob
samo je tu i tamo jecao
and finally he fell asleep
i napokon je zaspao
Siddhartha placed him on Vasudeva's bed
Siddhartha ga je smjestio na Vasudevin krevet
Vasudeva stood by the stove and cooked rice
Vasudeva je stajao kraj štednjaka i kuhao rižu
Siddhartha gave him a look, which he returned with a smile
Siddhartha ga je pogledao, a on mu je uzvratio osmijehom
"She'll die," Siddhartha said quietly
"Umrijet će", tiho je rekao Siddhartha
Vasudeva knew it was true, and nodded
Vasudeva je znao da je to istina i kimnuo je
over his friendly face ran the light of the stove's fire
preko njegova prijateljskog lica prelazila je svjetlost vatre iz peći
once again, Kamala returned to consciousness
još jednom, Kamala se vratila svijesti
the pain of the poison distorted her face
bol od otrova izobličila joj je lice
Siddhartha's eyes read the suffering on her mouth
Siddharthine oči čitaju patnju na njezinim ustima
from her pale cheeks he could see that she was suffering

po blijedim obrazima vidio je da pati
Quietly, he read the pain in her eyes
Tiho je pročitao bol u njezinim očima
attentively, waiting, his mind become one with her suffering
pažljivo, čekajući, njegov um postaje jedno s njezinom patnjom
Kamala felt it and her gaze sought his eyes
Kamala je to osjetila i pogledom je potražila njegove oči
Looking at him, she spoke
Gledajući ga, progovorila je
"Now I see that your eyes have changed as well"
"Sad vidim da su ti se i oči promijenile"
"They've become completely different"
"Postali su potpuno drugačiji"
"what do I still recognise in you that is Siddhartha?
"Što još prepoznajem u tebi a da si Siddhartha?
"It's you, and it's not you"
"Jesi ti, a nisi ti"
Siddhartha said nothing, quietly his eyes looked at hers
Siddhartha nije rekao ništa, njegove su oči tiho pogledale njezine
"You have achieved it?" she asked
"Jesi li to postigao?" pitala je
"You have found peace?"
"Jesi li našao mir?"
He smiled and placed his hand on hers
Nasmiješio se i položio ruku na njezinu
"I'm seeing it" she said
"Vidim", rekla je
"I too will find peace"
"I ja ću naći mir"
"You have found it," Siddhartha spoke in a whisper
"Našao si ga", progovori Siddhartha šapatom
Kamala never stopped looking into his eyes
Kamala ga nije prestajala gledati u oči
She thought about her pilgrimage to Gotama
Razmišljala je o svom hodočašću u Gotamu

the pilgrimage which she wanted to take
hodočašće na koje je htjela ići
in order to see the face of the perfected one
kako bi vidio lice usavršenoga
in order to breathe his peace
kako bi udahnuo njegov mir
but she had now found it in another place
ali sada ga je pronašla na drugom mjestu
and this she thought that was good too
a mislila je da je i to dobro
it was just as good as if she had seen the other one
bilo je jednako dobro kao da je vidjela onog drugog
She wanted to tell this to him
Htjela mu je ovo reći
but her tongue no longer obeyed her will
ali jezik joj se više nije pokoravao volji
Without speaking, she looked at him
Bez riječi, pogledala ga je
he saw the life fading from her eyes
vidio je kako život blijedi iz njezinih očiju
the final pain filled her eyes and made them grow dim
konačna bol ispunila joj je oči i učinila da postanu mutne
the final shiver ran through her limbs
konačni drhtaj prošao je njezinim udovima
his finger closed her eyelids
njegov je prst zatvorio njezine kapke

For a long time, he sat and looked at her peacefully dead face
Dugo je sjedio i gledao u njezino mirno mrtvo lice
For a long time, he observed her mouth
Dugo je promatrao njezina usta
her old, tired mouth, with those lips, which had become thin
njezina stara, umorna usta, s tim usnama, koje su postale tanke

he remembered he used to compare this mouth with a freshly cracked fig
sjetio se da je ova usta uspoređivao sa svježe napuknutom smokvom
this was in the spring of his years
to je bilo u proljeće njegovih godina
For a long time, he sat and read the pale face
Dugo je sjedio i čitao blijedo lice
he read the tired wrinkles
čitao je umorne bore
he filled himself with this sight
ispunio se ovim prizorom
he saw his own face in the same manner
vidio je svoje lice na isti način
he saw his face was just as white
vidio je da mu je lice jednako bijelo
he saw his face was just as quenched out
vidio je da mu je lice jednako ugaslo
at the same time he saw his face and hers being young
u isto vrijeme vidio je svoje i njezino lice kako je mlado
their faces with red lips and fiery eyes
njihova lica s crvenim usnama i plamenim očima
the feeling of both being real at the same time
osjećaj da su oboje stvarni u isto vrijeme
the feeling of eternity completely filled every aspect of his being
osjećaj vječnosti potpuno je ispunio svaki aspekt njegova bića
in this hour he felt more deeply than than he had ever felt before
u ovom je času osjetio dublje nego što je ikada prije osjetio
he felt the indestructibility of every life
osjetio je neuništivost svakog života
he felt the eternity of every moment
osjećao je vječnost svakog trenutka
When he rose, Vasudeva had prepared rice for him
Kad je ustao, Vasudeva mu je pripremio rižu

But Siddhartha did not eat that night
Ali Siddhartha te noći nije jeo
In the stable their goat stood
U staji je stajala njihova koza
the two old men prepared beds of straw for themselves
dva su starca pripremila sebi postelje od slame
Vasudeva laid himself down to sleep
Vasudeva je legao da spava
But Siddhartha went outside and sat before the hut
Ali Siddhartha je izašao van i sjeo ispred kolibe
he listened to the river, surrounded by the past
slušao je rijeku, okružen prošlošću
he was touched and encircled by all times of his life at the same time
bio je dirnut i okružen svim vremenima njegova života u isto vrijeme
occasionally he rose and he stepped to the door of the hut
povremeno je ustao i zakoračio do vrata kolibe
he listened whether the boy was sleeping
slušao je spava li dječak

before the sun could be seen, Vasudeva came out of the stable
prije nego što se sunce moglo vidjeti, Vasudeva je izašao iz štale
he walked over to his friend
prišao je prijatelju
"You haven't slept," he said
»Nisi spavala«, rekao je
"No, Vasudeva. I sat here"
"Ne, Vasudeva. Sjedio sam ovdje"
"I was listening to the river"
"Slušao sam rijeku"
"the river has told me a lot"
"rijeka mi je rekla mnogo"
"it has deeply filled me with the healing thought of oneness"

"duboko me ispunilo iscjeljujućom mišlju jedinstva"
"You've experienced suffering, Siddhartha"
"Iskusio si patnju, Siddhartha"
"but I see no sadness has entered your heart"
"ali vidim da tuga nije ušla u tvoje srce"
"No, my dear, how should I be sad?"
– Ne, dragi moj, kako da budem tužan?
"I, who have been rich and happy"
"Ja, koji sam bio bogat i sretan"
"I have become even richer and happier now"
"Sada sam postao još bogatiji i sretniji"
"My son has been given to me"
"Sin mi je dan"
"Your son shall be welcome to me as well"
"I tvoj sin će mi biti dobrodošao"
"But now, Siddhartha, let's get to work"
"Ali sada, Siddhartha, idemo na posao"
"there is much to be done"
"ima puno toga za učiniti"
"Kamala has died on the same bed on which my wife had died"
"Kamala je umrla na istom krevetu na kojem je umrla moja žena"
"Let us build Kamala's funeral pile on the hill"
"Sagradimo Kamalin grob na brdu"
"the hill on which I my wife's funeral pile is"
"brdo na kojem je grob moje žene"
While the boy was still asleep, they built the funeral pile
Dok je dječak još spavao, napravili su grobnicu

The Son
Sin

Timid and weeping, the boy had attended his mother's funeral
Plašljiv i uplakan, dječak je prisustvovao majčinoj sahrani
gloomy and shy, he had listened to Siddhartha
mrk i stidljiv, slušao je Siddharthu
Siddhartha greeted him as his son
Siddhartha ga je pozdravio kao svog sina
he welcomed him at his place in Vasudeva's hut
dočekao ga je na svom mjestu u Vasudevoj kolibi
Pale, he sat for many days by the hill of the dead
Blijed, sjedio je mnogo dana uz brdo mrtvih
he did not want to eat
nije htio jesti
he did not look at anyone
nije gledao nikoga
he did not open his heart
nije otvorio svoje srce
he met his fate with resistance and denial
dočekao je svoju sudbinu uz otpor i poricanje
Siddhartha spared giving him lessons
Siddhartha mu je štedio poduke
and he let him do as he pleased
i pustio ga je da radi što hoće
Siddhartha honoured his son's mourning
Siddhartha je počastio sinovljevo žalovanje
he understood that his son did not know him
shvatio je da ga sin ne poznaje
he understood that he could not love him like a father
shvatio je da ga ne može voljeti kao oca
Slowly, he also understood that the eleven-year-old was a pampered boy
Polako je shvatio i da je jedanaestogodišnjak razmažen dječak
he saw that he was a mother's boy

vidio je da je mamin sin
he saw that he had grown up in the habits of rich people
uvidio je da je odrastao u navikama bogatih ljudi
he was accustomed to finer food and a soft bed
bio je navikao na finiju hranu i meku postelju
he was accustomed to giving orders to servants
navikao je naređivati slugama
the mourning child could not suddenly be content with a life among strangers
ucviljeno dijete odjednom se nije moglo zadovoljiti životom među strancima
Siddhartha understood the pampered child would not willingly be in poverty
Siddhartha je shvatio da razmaženo dijete neće dobrovoljno biti u siromaštvu
He did not force him to do these these things
On ga nije prisiljavao da radi te stvari
Siddhartha did many chores for the boy
Siddhartha je obavljao mnoge poslove za dječaka
he always saved the best piece of the meal for him
za njega je uvijek čuvao najbolji komad obroka
Slowly, he hoped to win him over, by friendly patience
Polako se nadao da će ga pridobiti prijateljskom strpljivošću
Rich and happy, he had called himself, when the boy had come to him
Bogat i sretan, rekao je sam sebi, kad je dječak došao k njemu
Since then some time had passed
Od tada je prošlo neko vrijeme
but the boy remained a stranger and in a gloomy disposition
ali dječak je ostao stranac i turobne naravi
he displayed a proud and stubbornly disobedient heart
pokazivao je ponosno i tvrdoglavo neposlušno srce
he did not want to do any work
nije htio raditi nikakav posao
he did not pay his respect to the old men
nije odao poštovanje starcima

he stole from Vasudeva's fruit-trees
krao je s Vasudevinih voćaka
his son had not brought him happiness and peace
sin mu nije donio sreću i mir
the boy had brought him suffering and worry
dječak mu je donio patnju i brigu
slowly Siddhartha began to understand this
Siddhartha je to polako počeo shvaćati
But he loved him regardless of the suffering he brought him
Ali volio ga je bez obzira na patnju koju mu je donio
he preferred the suffering and worries of love over happiness and joy without the boy
više je volio patnju i brige ljubavi nego sreću i radost bez dječaka
from when young Siddhartha was in the hut the old men had split the work
otkad je mladi Siddhartha bio u kolibi, starci su podijelili posao
Vasudeva had again taken on the job of the ferryman
Vasudeva je ponovno preuzeo posao brodara
and Siddhartha, in order to be with his son, did the work in the hut and the field
a Siddhartha je, kako bi bio sa svojim sinom, radio u kolibi i polju

for long months Siddhartha waited for his son to understand him
dugih mjeseci Siddhartha je čekao da ga njegov sin razumije
he waited for him to accept his love
čekao je da prihvati njegovu ljubav
and he waited for his son to perhaps reciprocate his love
i čekao je da mu sin možda uzvrati ljubav
For long months Vasudeva waited, watching
Dugi niz mjeseci Vasudeva je čekao, gledao
he waited and said nothing
čekao je i ništa nije rekao

One day, young Siddhartha tormented his father very much
Jednog je dana mladi Siddhartha jako mučio svog oca
he had broken both of his rice-bowls
razbio je obje svoje zdjele za rižu
Vasudeva took his friend aside and talked to him
Vasudeva je odveo svog prijatelja u stranu i razgovarao s njim
"Pardon me," he said to Siddhartha
"Oprostite mi", rekao je Siddhartha
"from a friendly heart, I'm talking to you"
"od srca ti se obraćam"
"I'm seeing that you are tormenting yourself"
"Vidim da se mučiš"
"I'm seeing that you're in grief"
"Vidim da si u tuzi"
"Your son, my dear, is worrying you"
"Tvoj sin, draga, brine te"
"and he is also worrying me"
"i on me također brine"
"That young bird is accustomed to a different life"
"Ta mlada ptica je navikla na drugačiji život"
"he is used to living in a different nest"
"navikao je živjeti u drugom gnijezdu"
"he has not, like you, run away from riches and the city"
"nije kao ti pobjegao od bogatstva i grada"
"he was not disgusted and fed up with the life in Sansara"
"nije gadio i zasitio život u Sansari"
"he had to do all these things against his will"
"sve je te stvari morao učiniti protiv svoje volje"
"he had to leave all this behind"
"Morao je ostaviti sve ovo iza sebe"
"I asked the river, oh friend"
"Pitao sam rijeku, o prijatelju"
"many times I have asked the river"
"mnogo sam puta pitao rijeku"
"But the river laughs at all of this"
"Ali rijeka se svemu tome smije"

"it laughs at me and it laughs at you"
"smije se meni i smije se tebi"
"the river is shaking with laughter at our foolishness"
"rijeka se trese od smijeha našoj gluposti"
"Water wants to join water as youth wants to join youth"
"Voda želi spojiti vodu kao što mladost želi spojiti mlade"
"your son is not in the place where he can prosper"
"vaš sin nije na mjestu gdje može napredovati"
"you too should ask the river"
"i ti bi trebao pitati rijeku"
"you too should listen to it!"
"i ti bi to trebao poslušati!"
Troubled, Siddhartha looked into his friendly face
Uznemiren, Siddhartha je pogledao u njegovo prijateljsko lice
he looked at the many wrinkles in which there was incessant cheerfulness
gledao je mnoge bore u kojima je bila neprestana vedrina
"How could I part with him?" he said quietly, ashamed
"Kako bih se mogla rastati od njega?" rekao je tiho, posramljen
"Give me some more time, my dear"
"Daj mi još malo vremena, draga"
"See, I'm fighting for him"
"Vidiš, borim se za njega"
"I'm seeking to win his heart"
"Želim osvojiti njegovo srce"
"with love and with friendly patience I intend to capture it"
"s ljubavlju i prijateljskim strpljenjem namjeravam ga uhvatiti"
"One day, the river shall also talk to him"
"Jednog dana će i rijeka razgovarati s njim"
"he also is called upon"
"on je također pozvan"
Vasudeva's smile flourished more warmly
Vasudevin osmijeh još je toplije zacvjetao
"Oh yes, he too is called upon"
"O da, i on je pozvan"
"he too is of the eternal life"

"i on je od vječnog života"
"But do we, you and me, know what he is called upon to do?"
"Ali znamo li mi, ti i ja, što je on pozvan učiniti?"
"we know what path to take and what actions to perform"
"mi znamo kojim putem krenuti i koje akcije poduzeti"
"we know what pain we have to endure"
"mi znamo koju bol moramo pretrpjeti"
"but does he know these things?"
"ali zna li on te stvari?"
"Not a small one, his pain will be"
"Nije mali, njegova će muka biti"
"after all, his heart is proud and hard"
"na kraju krajeva, njegovo srce je ponosno i tvrdo"
"people like this have to suffer and err a lot"
"ovakvi ljudi moraju mnogo patiti i griješiti"
"they have to do much injustice"
"moraju učiniti mnogo nepravde"
"and they have burden themselves with much sin"
"i natovarili su na sebe mnogo grijeha"
"Tell me, my dear," he asked of Siddhartha
"Reci mi, draga moja", upitao je Siddharthu
"you're not taking control of your son's upbringing?"
"ne preuzimate kontrolu nad odgojem svog sina?"
"You don't force him, beat him, or punish him?"
– Ne prisiljavate ga, ne tučete ga i ne kažnjavate?
"No, Vasudeva, I don't do any of these things"
"Ne, Vasudeva, ja ne radim ništa od ovoga"
"I knew it. You don't force him"
"Znao sam. Ne tjeraš ga"
"you don't beat him and you don't give him orders"
"ne tučeš ga i ne naređuješ mu"
"because you know softness is stronger than hard"
"jer znaš da je mekoća jača od tvrdoće"
"you know water is stronger than rocks"
"znaš da je voda jača od kamenja"

"and you know love is stronger than force"
"a znaš da je ljubav jača od sile"
"Very good, I praise you for this"
"Vrlo dobro, svaka vam čast za ovo"
"But aren't you mistaken in some way?"
"Ali niste li u nečemu u zabludi?"
"don't you think that you are forcing him?"
"zar ne misliš da ga prisiljavaš?"
"don't you perhaps punish him a different way?"
"nemoj li ga možda kazniti na drugačiji način?"
"Don't you shackle him with your love?"
— Zar ga ne okovaš svojom ljubavlju?
"Don't you make him feel inferior every day?"
"Zar ne činiš da se svaki dan osjeća inferiorno?"
"doesn't your kindness and patience make it even harder for him?"
"Zar mu tvoja dobrota i strpljenje ne čine još težim?"
"aren't you forcing him to live in a hut with two old banana-eaters?"
"zar ga ne tjeraš da živi u kolibi s dva stara bananojeda?"
"old men to whom even rice is a delicacy"
"starci kojima je i riža delicija"
"old men whose thoughts can't be his"
"starci čije misli ne mogu biti njegove"
"old men whose hearts are old and quiet"
"starci čija su srca stara i tiha"
"old men whose hearts beat in a different pace than his"
"starci čija srca kucaju drugačijim ritmom od njegovog"
"Isn't he forced and punished by all this?""
"Nije li on na sve ovo prisiljen i kažnjen?"
Troubled, Siddhartha looked to the ground
Uznemiren, Siddhartha je pogledao u zemlju
Quietly, he asked, "What do you think should I do?"
Tiho je upitao: "Što misliš da bih trebao učiniti?"
Vasudeva spoke, "Bring him into the city"
Vasudeva je progovorio, "Uvedite ga u grad"

"bring him into his mother's house"
"dovedite ga u kuću njegove majke"
"there'll still be servants around, give him to them"
"još će biti slugu, daj ga njima"
"And if there aren't any servants, bring him to a teacher"
"A ako nema slugu, odvedi ga učitelju"
"but don't bring him to a teacher for teachings' sake"
"ali ne dovodi ga učitelju radi učenja"
"bring him to a teacher so that he is among other children"
"dovedi ga učiteljici da bude među ostalom djecom"
"and bring him to the world which is his own"
"i dovedi ga u svijet koji je njegov"
"have you never thought of this?"
"nisi nikad pomislio na ovo?"
"you're seeing into my heart," Siddhartha spoke sadly
"Vidiš mi u srce", tužno je rekao Siddhartha
"Often, I have thought of this"
"Često sam razmišljao o ovome"
"but how can I put him into this world?"
"ali kako ga mogu staviti na ovaj svijet?"
"Won't he become exuberant?"
"Neće li postati bujan?"
"won't he lose himself to pleasure and power?"
"neće li se izgubiti zbog užitka i moći?"
"won't he repeat all of his father's mistakes?"
"Zar neće ponoviti sve očeve pogreške?"
"won't he perhaps get entirely lost in Sansara?"
"neće li se možda potpuno izgubiti u Sansari?"
Brightly, the ferryman's smile lit up
Jarko je zasjao skelarev osmijeh
softly, he touched Siddhartha's arm
nježno je dotaknuo Siddharthinu ruku
"Ask the river about it, my friend!"
"Pitaj rijeku o tome, prijatelju!"
"Hear the river laugh about it!"
"Čuj rijeku kako se tome smije!"

"Would you actually believe that you had committed your foolish acts?
"Bi li stvarno vjerovao da si počinio svoja glupa djela?
"in order to spare your son from committing them too"
"kako bi poštedio svog sina da ih ne počini"
"And could you in any way protect your son from Sansara?"
"A možete li na bilo koji način zaštititi svog sina od Sansare?"
"How could you protect him from Sansara?"
"Kako si ga mogao zaštititi od Sansare?"
"By means of teachings, prayer, admonition?"
"Pomoću učenja, molitve, opomene?"
"My dear, have you entirely forgotten that story?"
"Draga moja, zar si potpuno zaboravila tu priču?"
"the story containing so many lessons"
"priča koja sadrži toliko pouka"
"the story about Siddhartha, a Brahman's son"
"priča o Siddharthi, Brahmanovom sinu"
"the story which you once told me here on this very spot?"
"priča koju si mi jednom ispričao ovdje na ovom mjestu?"
"Who has kept the Samana Siddhartha safe from Sansara?"
"Tko je zaštitio Samana Siddharthu od Sansare?"
"who has kept him from sin, greed, and foolishness?"
"tko ga je sačuvao od grijeha, pohlepe i ludosti?"
"Were his father's religious devotion able to keep him safe?
Je li ga očeva religiozna predanost mogla zaštititi?
"were his teacher's warnings able to keep him safe?"
"jesu li ga učiteljeva upozorenja mogla zaštititi?"
"could his own knowledge keep him safe?"
"bi li ga njegovo vlastito znanje moglo zaštititi?"
"was his own search able to keep him safe?"
"je li ga vlastita potraga uspjela održati sigurnim?"
"What father has been able to protect his son?"
"Koji je otac uspio zaštititi svog sina?"
"what father could keep his son from living his life for himself?"

"koji bi otac mogao spriječiti svog sina da živi svoj život za sebe?"
"what teacher has been able to protect his student?"
"koji je učitelj uspio zaštititi svog učenika?"
"what teacher can stop his student from soiling himself with life?"
"koji učitelj može spriječiti svog učenika da se prlja životom?"
"who could stop him from burdening himself with guilt?"
"tko bi ga mogao spriječiti da se ne optereti krivnjom?"
"who could stop him from drinking the bitter drink for himself?"
"tko bi ga mogao spriječiti da sam popije gorko piće?"
"who could stop him from finding his path for himself?"
"tko bi ga mogao spriječiti da sam pronađe svoj put?"
"did you think anybody could be spared from taking this path?"
"jesi li mislio da bi itko mogao biti pošteđen da krene ovim putem?"
"did you think that perhaps your little son would be spared?"
"jesi li mislio da će možda tvoj mali sin biti pošteđen?"
"did you think your love could do all that?"
"jesi li mislio da tvoja ljubav može učiniti sve to?"
"did you think your love could keep him from suffering"
"jesi li mislio da ga tvoja ljubav može spriječiti da pati"
"did you think your love could protect him from pain and disappointment?
"Jesi li mislila da ga tvoja ljubav može zaštititi od boli i razočarenja?
"you could die ten times for him"
"mogla bi umrijeti deset puta za njega"
"but you could take no part of his destiny upon yourself"
"ali nisi mogao uzeti dio njegove sudbine na sebe"
Never before, Vasudeva had spoken so many words
Nikad prije Vasudeva nije izgovorio toliko riječi
Kindly, Siddhartha thanked him

Siddhartha mu je ljubazno zahvalio
he went troubled into the hut
ušao je uznemiren u kolibu

he could not sleep for a long time
dugo nije mogao zaspati
Vasudeva had told him nothing he had not already thought and known
Vasudeva mu nije rekao ništa što već nije mislio i znao
But this was a knowledge he could not act upon
Ali to je bilo znanje na koje nije mogao djelovati
stronger than knowledge was his love for the boy
jača od spoznaje bila je njegova ljubav prema dječaku
stronger than knowledge was his tenderness
jača od spoznaje bila je njegova nježnost
stronger than knowledge was his fear to lose him
jači od znanja bio je njegov strah da će ga izgubiti
had he ever lost his heart so much to something?
je li ikada toliko izgubio srce zbog nečega?
had he ever loved any person so blindly?
je li ikada volio neku osobu tako slijepo?
had he ever suffered for someone so unsuccessfully?
je li ikada patio za nekim tako neuspješno?
had he ever made such sacrifices for anyone and yet been so unhappy?
je li ikada podnio takve žrtve za nekoga, a opet bio tako nesretan?
Siddhartha could not heed his friend's advice
Siddhartha nije mogao poslušati savjet svog prijatelja
he could not give up the boy
nije se mogao odreći dječaka
He let the boy give him orders
Pustio je dječaka da mu naređuje
he let him disregard him
dopustio mu je da ga zanemari
He said nothing and waited

Nije rekao ništa i čekao je
daily, he attempted the struggle of friendliness
svakodnevno se pokušavao boriti prijateljski
he initiated the silent war of patience
pokrenuo je tihi rat strpljenja
Vasudeva also said nothing and waited
Vasudeva također nije rekao ništa i čekao je
They were both masters of patience
Obojica su bili majstori strpljenja

one time the boy's face reminded him very much of Kamala
jednom ga je dječakovo lice jako podsjetilo na Kamalu
Siddhartha suddenly had to think of something Kamala had once said
Siddhartha se odjednom morao sjetiti nečega što je Kamala jednom rekla
"You cannot love" she had said to him
"Ne možeš voljeti", rekla mu je
and he had agreed with her
i on se složio s njom
and he had compared himself with a star
i usporedio se sa zvijezdom
and he had compared the childlike people with falling leaves
i usporedio je djetinjaste ljude s lišćem koje pada
but nevertheless, he had also sensed an accusation in that line
ali je ipak naslutio i optužbu u tom smislu
Indeed, he had never been able to love
Doista, nikada nije mogao voljeti
he had never been able to devote himself completely to another person
nikada se nije mogao potpuno posvetiti drugoj osobi
he had never been able to to forget himself
nikada nije uspio zaboraviti sebe

he had never been able to commit foolish acts for the love of another person
nikad nije bio u stanju počiniti glupa djela za ljubav druge osobe
at that time it seemed to set him apart from the childlike people
u to se vrijeme činilo da ga izdvaja od djetinjastih ljudi
But ever since his son was here, Siddhartha also become a childlike person
Ali otkad je njegov sin ovdje, Siddhartha je također postao djetinjasta osoba
he was suffering for the sake of another person
patio je zbog druge osobe
he was loving another person
volio je drugu osobu
he was lost to a love for someone else
bio je izgubljen zbog ljubavi prema nekom drugom
he had become a fool on account of love
postao je budala zbog ljubavi
Now he too felt the strongest and strangest of all passions
Sada je i on osjetio najjaču i najčudniju od svih strasti
he suffered from this passion miserably
patio je od ove strasti jadno
and he was nevertheless in bliss
a on je ipak bio u blaženstvu
he was nevertheless renewed in one respect
on je ipak obnovljen u jednom pogledu
he was enriched by this one thing
bio je obogaćen ovom jednom stvari
He sensed very well that this blind love for his son was a passion
On je vrlo dobro osjećao da je ta slijepa ljubav prema sinu bila strast
he knew that it was something very human
znao je da je to nešto vrlo ljudsko
he knew that it was Sansara

znao je da je to Sansara
he knew that it was a murky source, dark waters
znao je da je to mutan izvor, mračne vode
but he felt it was not worthless, but necessary
ali smatrao je da to nije bezvrijedno, nego neophodno
it came from the essence of his own being
dolazilo je iz suštine njegova vlastitog bića
This pleasure also had to be atoned for
I ovo je zadovoljstvo trebalo iskupiti
this pain also had to be endured
trebalo je izdržati i ovu bol
these foolish acts also had to be committed
te su se gluposti također morale počiniti
Through all this, the son let him commit his foolish acts
Kroz sve to, sin ga je pustio da počini svoje ludosti
he let him court for his affection
pustio ga je da se udvara za njegovu naklonost
he let him humiliate himself every day
dopustio mu je da se svaki dan ponižava
he gave in to the moods of his son
prepustio se raspoloženjima svoga sina
his father had nothing which could have delighted him
njegov otac nije imao ništa što bi ga moglo oduševiti
and he nothing that the boy feared
a on ništa čega se dječak bojao
He was a good man, this father
Bio je dobar čovjek, ovaj otac
he was a good, kind, soft man
bio je dobar, drag, mek čovjek
perhaps he was a very devout man
možda je bio vrlo pobožan čovjek
perhaps he was a saint, the boy thought
možda je svetac, pomisli dječak
but all these attributes could not win the boy over
ali svi ti atributi nisu mogli pridobiti dječaka
He was bored by this father, who kept him imprisoned

Dosađivao mu je ovaj otac, koji ga je držao zatvorenog
a prisoner in this miserable hut of his
zatvorenik u ovoj svojoj bijednoj kolibi
he was bored of him answering every naughtiness with a smile
bilo mu je dosadno što je na svaku zločestost odgovarao osmijehom
he didn't appreciate insults being responded to by friendliness
nije volio da se na uvrede odgovara prijateljski
he didn't like viciousness returned in kindness
nije volio zlobu koja se vraća dobrotom
this very thing was the hated trick of this old sneak
upravo je to bio omraženi trik ove stare prikrade
Much more the boy would have liked it if he had been threatened by him
Dječaku bi se mnogo više svidjelo da mu je on prijetio
he wanted to be abused by him
htio je da ga on zlostavlja

A day came when young Siddhartha had had enough
Došao je dan kada je mladom Siddharthi bilo dosta
what was on his mind came bursting forth
ono što mu je bilo na umu izbilo je na vidjelo
and he openly turned against his father
te se otvoreno okrenuo protiv oca
Siddhartha had given him a task
Siddhartha mu je dao zadatak
he had told him to gather brushwood
rekao mu je da skupi grmlje
But the boy did not leave the hut
Ali dječak nije napustio kolibu
in stubborn disobedience and rage, he stayed where he was
u tvrdoglavom neposluhu i bijesu, ostao je gdje je bio
he thumped on the ground with his feet
lupio je nogama o tlo

he clenched his fists and screamed in a powerful outburst
stisnuo je šake i vrisnuo u snažnom izljevu
he screamed his hatred and contempt into his father's face
vrištao je svoju mržnju i prijezir u očevo lice
"Get the brushwood for yourself!" he shouted, foaming at the mouth
"Nabavite si grmlje!" - vikao je s pjenom na ustima
"I'm not your servant"
"Nisam tvoj sluga"
"I know that you won't hit me, you wouldn't dare"
"Znam da me nećeš udariti, ne bi se usudio"
"I know that you constantly want to punish me"
"Znam da me stalno želiš kazniti"
"you want to put me down with your religious devotion and your indulgence"
"želiš me spustiti svojom religioznošću i svojom popustljivošću"
"You want me to become like you"
"Želiš da postanem kao ti"
"you want me to be just as devout, soft, and wise as you"
"Želiš da budem jednako pobožan, mek i mudar kao ti"
"but I won't do it, just to make you suffer"
"ali neću to učiniti, samo da patiš"
"I would rather become a highway-robber than be as soft as you"
"Radije bih postao cestovni pljačkaš nego bio mekan kao ti"
"I would rather be a murderer than be as wise as you"
"Radije bih bio ubojica nego bio mudar kao ti"
"I would rather go to hell, than to become like you!"
"Radije bih otišao u pakao, nego da postanem kao ti!"
"I hate you, you're not my father
"Mrzim te, ti nisi moj otac
"even if you've slept with my mother ten times, you are not my father!"
"Čak i ako si spavao s mojom majkom deset puta, ti nisi moj otac!"

Rage and grief boiled over in him
U njemu su kipjeli bijes i tuga
he foamed at his father in a hundred savage and evil words
zapjenio se na oca u stotinu divljačkih i zlih riječi
Then the boy ran away into the forest
Tada je dječak pobjegao u šumu
it was late at night when the boy returned
bila je kasna noć kad se dječak vratio
But the next morning, he had disappeared
Ali sljedećeg jutra je nestao
What had also disappeared was a small basket
Ono što je također nestalo bila je mala košarica
the basket in which the ferrymen kept those copper and silver coins
košaru u kojoj su skelari držali te bakrene i srebrne novčiće
the coins which they received as a fare
novčiće koje su dobivali kao naknadu
The boat had also disappeared
Čamac je također nestao
Siddhartha saw the boat lying by the opposite bank
Siddhartha je vidio čamac kako leži na suprotnoj obali
Siddhartha had been shivering with grief
Siddhartha je drhtao od tuge
the ranting speeches the boy had made touched him
dirnuli su ga brbljavi govori koje je dječak držao
"I must follow him," said Siddhartha
"Moram ga slijediti", reče Siddhartha
"A child can't go through the forest all alone, he'll perish"
"Ne može dijete samo kroz šumu, poginut će"
"We must build a raft, Vasudeva, to get over the water"
"Moramo sagraditi splav, Vasudeva, da pređemo preko vode"
"We will build a raft" said Vasudeva
"Napravit ćemo splav", rekao je Vasudeva
"we will build it to get our boat back"
"napravit ćemo ga da vratimo svoj brod"
"But you shall not run after your child, my friend"

"Ali nemoj trčati za svojim djetetom, prijatelju"
"he is no child anymore"
"on više nije dijete"
"he knows how to get around"
"on zna kako se kretati"
"He's looking for the path to the city"
"Traži put do grada"
"and he is right, don't forget that"
"i u pravu je, ne zaboravi to"
"he's doing what you've failed to do yourself"
"on radi ono što ti sam nisi uspio"
"he's taking care of himself"
"on se brine za sebe"
"he's taking his course for himself"
"on uzima svoj tečaj za sebe"
"Alas, Siddhartha, I see you suffering"
"Jao, Siddhartha, vidim te kako patiš"
"but you're suffering a pain at which one would like to laugh"
"ali ti trpiš bol kojoj bi se čovjek rado nasmijao"
"you're suffering a pain at which you'll soon laugh yourself"
"Trpiš bol kojoj ćeš se uskoro i sam smijati"
Siddhartha did not answer his friend
Siddhartha nije odgovorio svom prijatelju
He already held the axe in his hands
Već je držao sjekiru u rukama
and he began to make a raft of bamboo
i počeo je praviti splav od bambusa
Vasudeva helped him to tie the canes together with ropes of grass
Vasudeva mu je pomogao da zaveže štapove užadima od trave
When they crossed the river they drifted far off their course
Kad su prešli rijeku, odlutali su daleko od svog toka
they pulled the raft upriver on the opposite bank
povukli su splav uzvodno na suprotnoj obali

"Why did you take the axe along?" asked Siddhartha
"Zašto si ponio sjekiru?" upita Siddhartha
"It might have been possible that the oar of our boat got lost"
"Moglo je biti moguće da se izgubilo veslo našeg čamca"
But Siddhartha knew what his friend was thinking
Ali Siddhartha je znao što njegov prijatelj misli
He thought, the boy would have thrown away the oar
Mislio je, dječak bi bacio veslo
in order to get some kind of revenge
kako bi se na neki način osvetio
and in order to keep them from following him
a kako bi ih spriječio da ga slijede
And in fact, there was no oar left in the boat
I zapravo, u čamcu nije ostalo ni vesla
Vasudeva pointed to the bottom of the boat
Vasudeva je pokazao na dno čamca
and he looked at his friend with a smile
a on je s osmijehom pogledao prijatelja
he smiled as if he wanted to say something
nasmiješio se kao da želi nešto reći
"Don't you see what your son is trying to tell you?"
"Zar ne vidite što vam sin pokušava reći?"
"Don't you see that he doesn't want to be followed?"
"Zar ne vidiš da ne želi da ga se prati?"
But he did not say this in words
Ali to nije rekao riječima
He started making a new oar
Počeo je izrađivati novo veslo
But Siddhartha bid his farewell, to look for the run-away
Ali Siddhartha se oprostio, da potraži bjegunce
Vasudeva did not stop him from looking for his child
Vasudeva ga nije spriječio da traži svoje dijete

Siddhartha had been walking through the forest for a long time
Siddhartha je dugo hodao šumom

the thought occurred to him that his search was useless
pala mu je na pamet misao da je njegova potraga beskorisna
Either the boy was far ahead and had already reached the city
Ili je dječak bio daleko naprijed i već je stigao do grada
or he would conceal himself from him
ili bi se od njega sakrio
he continued thinking about his son
nastavio je razmišljati o sinu
he found that he was not worried for his son
otkrio je da nije zabrinut za svog sina
he knew deep inside that he had not perished
znao je duboko u sebi da nije propao
nor was he in any danger in the forest
niti mu je u šumi prijetila opasnost
Nevertheless, he ran without stopping
Ipak, trčao je bez zaustavljanja
he was not running to save him
nije trčao da ga spasi
he was running to satisfy his desire
trčao je da zadovolji svoju želju
he wanted to perhaps see him one more time
želio ga je možda još jednom vidjeti
And he ran up to just outside of the city
I otrčao je malo izvan grada
When, near the city, he reached a wide road
Kad je blizu grada stigao na široku cestu
he stopped, by the entrance of the beautiful pleasure-garden
zaustavio se kraj ulaza u prekrasan vrt za uživanje
the garden which used to belong to Kamala
vrt koji je pripadao Kamali
the garden where he had seen her for the first time
vrt u kojem ju je prvi put vidio
when she was sitting in her sedan-chair
kad je sjedila u svojoj sedan-stolici
The past rose up in his soul

Prošlost se uzdigla u njegovoj duši
again, he saw himself standing there
ponovno je vidio sebe kako stoji tamo
a young, bearded, naked Samana
mladi, bradati, goli Samana
his hair hair was full of dust
njegova kosa kosa je bila puna prašine
For a long time, Siddhartha stood there
Siddhartha je dugo stajao tamo
he looked through the open gate into the garden
pogledao je kroz otvorenu kapiju u vrt
he saw monks in yellow robes walking among the beautiful trees
ugledao je redovnike u žutim haljinama kako hodaju među prekrasnim drvećem
For a long time, he stood there, pondering
Dugo je ondje stajao, razmišljajući
he saw images and listened to the story of his life
vidio je slike i slušao priču o svom životu
For a long time, he stood there looking at the monks
Dugo je ondje stajao i promatrao redovnike
he saw young Siddhartha in their place
vidio je mladog Siddharthu na njihovom mjestu
he saw young Kamala walking among the high trees
ugledao je mladog Kamala kako hoda među visokim drvećem
Clearly, he saw himself being served food and drink by Kamala
Jasno je da je vidio kako ga Kamala poslužuje hranom i pićem
he saw himself receiving his first kiss from her
vidio je sebe kako od nje prima prvi poljubac
he saw himself looking proudly and disdainfully back on his life as a Brahman
vidio je sebe kako ponosno i s prijezirom gleda na svoj život kao Brahman
he saw himself beginning his worldly life, proudly and full of desire

vidio je sebe kako počinje svoj svjetovni život, ponosan i pun želje
He saw Kamaswami, the servants, the orgies
Vidio je Kamaswamija, sluge, orgije
he saw the gamblers with the dice
vidio je kockare s kockama
he saw Kamala's song-bird in the cage
vidio je Kamalinu pticu pjevicu u kavezu
he lived through all this again
opet je sve ovo proživio
he breathed Sansara and was once again old and tired
udahnuo je Sansaru i ponovno bio star i umoran
he felt the disgust and the wish to annihilate himself again
osjetio je gađenje i želju da se ponovno uništi
and he was healed again by the holy Om
i ponovno ga je izliječio sveti Om
for a long time Siddhartha had stood by the gate
Siddhartha je dugo stajao kraj vrata
he realised his desire was foolish
shvatio je da je njegova želja bila glupa
he realized it was foolishness which had made him go up to this place
shvatio je da ga je ludost natjerala da ode na ovo mjesto
he realized he could not help his son
shvatio je da sinu ne može pomoći
and he realized that he was not allowed to cling to him
i shvatio je da se ne smije priviti uz njega
he felt the love for the run-away deeply in his heart
duboko je u srcu osjećao ljubav prema bijegu
the love for his son felt like a wound
ljubav prema sinu osjećao je poput rane
but this wound had not been given to him in order to turn the knife in it
ali ova mu rana nije dana da bi u njoj okretao nož
the wound had to become a blossom
rana je morala postati cvijet

and his wound had to shine
a rana mu je morala sijati
That this wound did not blossom or shine yet made him sad
To što ova rana još nije procvjetala ili zasjala, rastužilo ga je
Instead of the desired goal, there was emptiness
Umjesto željenog cilja ostala je praznina
emptiness had drawn him here, and sadly he sat down
praznina ga je dovukla ovamo i tužan je sjeo
he felt something dying in his heart
osjetio je kako mu nešto umire u srcu
he experienced emptiness and saw no joy any more
iskusio je prazninu i više nije vidio radost
there was no goal for which to aim for
nije bilo cilja kojemu bi težio
He sat lost in thought and waited
Sjedio je izgubljen u mislima i čekao
This he had learned by the river
To je naučio uz rijeku
waiting, having patience, listening attentively
čekati, imati strpljenja, pažljivo slušati
And he sat and listened, in the dust of the road
I sjedio je i slušao, u prašini na cesti
he listened to his heart, beating tiredly and sadly
slušao je svoje srce koje je tuklo umorno i tužno
and he waited for a voice
i čekao je glas
Many an hour he crouched, listening
Mnogo je sati čučao, osluškujući
he saw no images any more
više nije vidio nikakve slike
he fell into emptiness and let himself fall
pao je u prazninu i pustio se da padne
he could see no path in front of him
nije mogao vidjeti stazu pred sobom
And when he felt the wound burning, he silently spoke the Om

A kad je osjetio da rana gori, tiho je izgovorio Om
he filled himself with Om
napunio se Omom
The monks in the garden saw him
Vidjeli su ga redovnici u vrtu
dust was gathering on his gray hair
prašina mu se skupljala na sijedoj kosi
since he crouched for many hours, one of monks placed two bananas in front of him
budući da je čučao mnogo sati, jedan od redovnika stavio je dvije banane ispred njega
The old man did not see him
Starac ga nije vidio

From this petrified state, he was awoken by a hand touching his shoulder
Iz tog okamenjenog stanja probudila ga je ruka koja mu je dodirnula rame
Instantly, he recognised this tender bashful touch
Smjesta je prepoznao ovaj nježni sramežljivi dodir
Vasudeva had followed him and waited
Vasudeva ga je slijedio i čekao
he regained his senses and rose to greet Vasudeva
došao je k sebi i ustao da pozdravi Vasudevu
he looked into Vasudeva's friendly face
pogledao je u Vasudevo prijateljsko lice
he looked into the small wrinkles
gledao je u sitne bore
his wrinkles were as if they were filled with nothing but his smile
bore su mu bile kao da su bile ispunjene ničim osim njegovim osmijehom
he looked into the happy eyes, and then he smiled too
pogledao je u sretne oči, a onda se i on nasmiješio
Now he saw the bananas lying in front of him
Sada je vidio banane kako leže ispred njega

he picked the bananas up and gave one to the ferryman
pokupio je banane i jednu dao brodaru
After eating the bananas, they silently went back into the forest
Nakon što su pojeli banane, šutke su se vratili u šumu
they returned home to the ferry
vratili su se kući na trajekt
Neither one talked about what had happened that day
Niti jedan nije pričao o tome što se dogodilo tog dana
neither one mentioned the boy's name
niti jedan nije spomenuo dječakovo ime
neither one spoke about him running away
niti jedan nije govorio o njegovom bijegu
neither one spoke about the wound
niti jedan nije govorio o rani
In the hut, Siddhartha lay down on his bed
U kolibi je Siddhartha legao na svoj krevet
after a while Vasudeva came to him
nakon nekog vremena Vasudeva je došao do njega
he offered him a bowl of coconut-milk
ponudio mu je zdjelicu kokosova mlijeka
but he was already asleep
ali on je već spavao

Om

For a long time the wound continued to burn
Dugo je rana pekla
Siddhartha had to ferry many travellers across the river
Siddhartha je morao prevesti mnoge putnike preko rijeke
many of the travellers were accompanied by a son or a daughter
mnoge od putnika pratio je sin ili kćer
and he saw none of them without envying them
i nijednu nije vidio a da im ne zavidi
he couldn't see them without thinking about his lost son
nije ih mogao vidjeti a da ne pomisli na svog izgubljenog sina
"So many thousands possess the sweetest of good fortunes"
"Tolike tisuće posjeduju najslađu sreću"
"why don't I also possess this good fortune?"
"zašto i ja ne bih imao ovu sreću?"
"even thieves and robbers have children and love them"
"čak i lopovi i pljačkaši imaju djecu i vole ih"
"and they are being loved by their children"
"i njihova djeca ih vole"
"all are loved by their children except for me"
"sve vole njihova djeca osim mene"
he now thought like the childlike people, without reason
sada je razmišljao kao djetinjasti narod, bez razloga
he had become one of the childlike people
postao je jedan od djetinjastih ljudi
he looked upon people differently than before
drugačije je gledao na ljude nego prije
he was less smart and less proud of himself
bio je manje pametan i manje ponosan na sebe
but instead, he was warmer and more curious
ali umjesto toga, bio je topliji i znatiželjniji
when he ferried travellers, he was more involved than before
kad je prevozio putnike, bio je uključeniji nego prije

childlike people, businessmen, warriors, women
djetinjasti ljudi, poslovni ljudi, ratnici, žene
these people did not seem alien to him, as they used to
ti mu se ljudi nisu činili stranim, kao prije
he understood them and shared their life
razumio ih je i dijelio njihov život
a life which was not guided by thoughts and insight
život koji nije vođen mislima i uvidom
but a life guided solely by urges and wishes
već život vođen isključivo porivima i željama
he felt like the the childlike people
osjećao se poput djetinjastih ljudi
he was bearing his final wound
nosio je svoju posljednju ranu
he was nearing perfection
bio je blizu savršenstva
but the childlike people still seemed like his brothers
ali su se djetinjasti ljudi ipak činili poput njegove braće
their vanities, desires for possession were no longer ridiculous to him
njihove taštine, želje za posjedovanjem više mu nisu bile smiješne
they became understandable and lovable
postali su razumljivi i dragi
they even became worthy of veneration to him
čak su mu postali dostojni štovanja
The blind love of a mother for her child
Slijepa ljubav majke prema djetetu
the stupid, blind pride of a conceited father for his only son
glupi, slijepi ponos umišljenog oca za svojim sinom jedincem
the blind, wild desire of a young, vain woman for jewellery
slijepa, divlja želja mlade, tašte žene za nakitom
her wish for admiring glances from men
njezina želja za zadivljenim pogledima muškaraca
all of these simple urges were not childish notions
svi ti jednostavni porivi nisu bili djetinjasti pojmovi

but they were immensely strong, living, and prevailing urges
ali bili su neizmjerno jaki, živi i prevladavajući porivi
he saw people living for the sake of their urges
vidio je ljude koji žive za volju svojih poriva
he saw people achieving rare things for their urges
vidio je kako ljudi postižu rijetke stvari za svoje porive
travelling, conducting wars, suffering
putovanja, vođenje ratova, patnja
they bore an infinite amount of suffering
podnijeli su beskonačnu količinu patnje
and he could love them for it, because he saw life
i mogao ih je voljeti zbog toga, jer je vidio život
that what is alive was in each of their passions
da je ono što je živo bilo u svakoj njihovoj strasti
that what is is indestructible was in their urges, the Brahman
da je ono što jest neuništivo bilo u njihovim porivima, Brahman
these people were worthy of love and admiration
ti su ljudi bili vrijedni ljubavi i divljenja
they deserved it for their blind loyalty and blind strength
zaslužili su to svojom slijepom odanošću i slijepom snagom
there was nothing that they lacked
ništa im nije nedostajalo
Siddhartha had nothing which would put him above the rest, except one thing
Siddhartha nije imao ništa što bi ga stavilo iznad ostalih, osim jedne stvari
there still was a small thing he had which they didn't
još uvijek je imao sitnicu koju oni nisu imali
he had the conscious thought of the oneness of all life
Imao je svjesnu misao o jedinstvu svega života
but Siddhartha even doubted whether this knowledge should be valued so highly
ali Siddhartha je čak sumnjao treba li to znanje tako visoko cijeniti

it might also be a childish idea of the thinking people
to bi također mogla biti djetinjasta ideja mislećih ljudi
the worldly people were of equal rank to the wise men
svjetovni ljudi bili su jednakog ranga kao i mudraci
animals too can in some moments seem to be superior to humans
i životinje se u nekim trenucima mogu činiti superiornima u odnosu na ljude
they are superior in their tough, unrelenting performance of what is necessary
oni su superiorni u svom čvrstom, neumoljivom obavljanju onoga što je neophodno
an idea slowly blossomed in Siddhartha
ideja je polako cvjetala u Siddharthi
and the idea slowly ripened in him
a ideja je u njemu polako sazrijevala
he began to see what wisdom actually was
počeo je uviđati što je zapravo mudrost
he saw what the goal of his long search was
vidio je koji je cilj njegove duge potrage
his search was nothing but a readiness of the soul
njegova potraga nije bila ništa drugo nego spremnost duše
a secret art to think every moment, while living his life
tajna umjetnost razmišljanja svakog trenutka, dok živi svoj život
it was the thought of oneness
bila je to misao o jednosti
to be able to feel and inhale the oneness
moći osjetiti i udahnuti jedinstvo
Slowly this awareness blossomed in him
Polako je ta svijest cvjetala u njemu
it was shining back at him from Vasudeva's old, childlike face
sjalo mu je s Vasudevina starog, dječjeg lica
harmony and knowledge of the eternal perfection of the world

harmoniju i spoznaju o vječnom savršenstvu svijeta
smiling and to be part of the oneness
nasmiješen i biti dio jedinstva
But the wound still burned
Ali rana je i dalje pekla
longingly and bitterly Siddhartha thought of his son
čeznutljivo i gorko razmišljao je Siddhartha o svom sinu
he nurtured his love and tenderness in his heart
njegovao je u srcu svoju ljubav i nježnost
he allowed the pain to gnaw at him
dopustio je da ga izgrize bol
he committed all foolish acts of love
počinio je sva luda djela ljubavi
this flame would not go out by itself
ovaj se plamen ne bi sam ugasio

one day the wound burned violently
jednog dana rana je žestoko pekla
driven by a yearning, Siddhartha crossed the river
vođen čežnjom, Siddhartha je prešao rijeku
he got off the boat and was willing to go to the city
sišao je s broda i bio voljan otići u grad
he wanted to look for his son again
htio je ponovno potražiti sina
The river flowed softly and quietly
Rijeka je tekla tiho i tiho
it was the dry season, but its voice sounded strange
bila je sušna sezona, ali glas mu je zvučao čudno
it was clear to hear that the river laughed
jasno se čulo da se rijeka smije
it laughed brightly and clearly at the old ferryman
ono se vedro i jasno smijalo starom skelaru
he bent over the water, in order to hear even better
sagnuo se nad vodu, da bi još bolje čuo
and he saw his face reflected in the quietly moving waters
i vidio je svoje lice odraženo u tiho tekućim vodama

in this reflected face there was something
u ovom odraženom licu bilo je nečega
something which reminded him, but he had forgotten
nešto što ga je podsjetilo, ali je zaboravio
as he thought about it, he found it
dok je razmišljao o tome, našao ga je
this face resembled another face which he used to know and love
ovo lice nalikovalo je drugom licu koje je poznavao i volio
but he also used to fear this face
ali se također znao bojati ovog lica
It resembled his father's face, the Brahman
Podsjećao je na lice njegova oca, Brahmana
he remembered how he had forced his father to let him go
sjetio se kako je prisilio oca da ga pusti
he remembered how he had bid his farewell to him
sjetio se kako se s njim oprostio
he remembered how he had gone and had never come back
sjetio se kako je otišao i više se nije vratio
Had his father not also suffered the same pain for him?
Nije li i njegov otac trpio istu bol zbog njega?
was his father's pain not the pain Siddhartha is suffering now?
nije li bol njegova oca bol koju sada pati Siddhartha?
Had his father not long since died?
Nije li mu otac odavno umro?
had he died without having seen his son again?
je li umro a da više nije vidio svog sina?
Did he not have to expect the same fate for himself?
Nije li i sam morao očekivati istu sudbinu?
Was it not a comedy in a fateful circle?
Nije li to bila komedija u sudbonosnom krugu?
The river laughed about all of this
Rijeka se nasmijala svemu tome
everything came back which had not been suffered
sve se vratilo što nije pretrpljeno

everything came back which had not been solved
vratilo se sve što nije riješeno
the same pain was suffered over and over again
ista se bol trpjela uvijek iznova
Siddhartha went back into the boat
Siddhartha se vratio u čamac
and he returned back to the hut
a on se vratio natrag u kolibu
he was thinking of his father and of his son
mislio je na svog oca i na sina
he thought of having been laughed at by the river
mislio je da mu se rijeka nasmijala
he was at odds with himself and tending towards despair
bio je u zavadi sam sa sobom i težio je očaju
but he was also tempted to laugh
ali je bio i u iskušenju da se nasmije
he could laugh at himself and the entire world
mogao se smijati sebi i cijelom svijetu
Alas, the wound was not blossoming yet
Jao, rana još nije cvjetala
his heart was still fighting his fate
srce mu se još borilo sa sudbinom
cheerfulness and victory were not yet shining from his suffering
iz njegove patnje još nije blistala vedrina i pobjeda
Nevertheless, he felt hope along with the despair
Ipak, uz očaj je osjećao i nadu
once he returned to the hut he felt an undefeatable desire to open up to Vasudeva
kad se vratio u kolibu, osjetio je nepobjedivu želju da se otvori Vasudevi
he wanted to show him everything
htio mu je sve pokazati
he wanted to say everything to the master of listening
htio je sve reći gospodaru slušanja

Vasudeva was sitting in the hut, weaving a basket
Vasudeva je sjedio u kolibi i pleo košaru
He no longer used the ferry-boat
Više nije koristio trajekt
his eyes were starting to get weak
oči su mu počele slabiti
his arms and hands were getting weak as well
ruke i šake su mu također postajale slabe
only the joy and cheerful benevolence of his face was unchanging
samo je radost i vedra dobroćudnost njegova lica bila nepromjenjiva
Siddhartha sat down next to the old man
Siddhartha je sjeo pokraj starca
slowly, he started talking about what they had never spoke about
polako je počeo pričati o onome o čemu nikada nisu razgovarali
he told him of his walk to the city
ispričao mu je svoju šetnju do grada
he told at him of the burning wound
rekao mu je za goruću ranu
he told him about the envy of seeing happy fathers
pričao mu je o zavisti što vidi sretne očeve
his knowledge of the foolishness of such wishes
njegovo znanje o gluposti takvih želja
his futile fight against his wishes
njegovu uzaludnu borbu protiv njegovih želja
he was able to say everything, even the most embarrassing parts
bio je u stanju reći sve, čak i najsramotnije dijelove
he told him everything he could tell him
rekao mu je sve što mu je mogao reći
he showed him everything he could show him
pokazao mu je sve što mu je mogao pokazati
He presented his wound to him

Pokazao mu je svoju ranu
he also told him how he had fled today
ispričao mu je i kako je danas pobjegao
he told him how he ferried across the water
ispričao mu je kako se prevezao preko vode
a childish run-away, willing to walk to the city
djetinjasti bjegunac, spreman prošetati do grada
and he told him how the river had laughed
a on mu ispriča kako se rijeka nasmijala
he spoke for a long time
govorio je dugo
Vasudeva was listening with a quiet face
Vasudeva je slušao tiha lica
Vasudeva's listening gave Siddhartha a stronger sensation than ever before
Vasudevino slušanje dalo je Siddharthi jači osjećaj nego ikad prije
he sensed how his pain and fears flowed over to him
osjetio je kako se njegova bol i strahovi prelijevaju na njega
he sensed how his secret hope flowed over him
osjetio je kako ga oblijeva njegova tajna nada
To show his wound to this listener was the same as bathing it in the river
Pokazati njegovu ranu ovom slušatelju bilo je isto što i okupati je u rijeci
the river would have cooled Siddhartha's wound
rijeka bi ohladila Siddharthinu ranu
the quiet listening cooled Siddhartha's wound
tiho slušanje ohladilo je Siddhartinu ranu
it cooled him until he become one with the river
hladila ga je dok nije postao jedno s rijekom
While he was still speaking, still admitting and confessing
Dok je još govorio, još priznavao i ispovijedao se
Siddhartha felt more and more that this was no longer Vasudeva
Siddhartha je sve više osjećao da to više nije Vasudeva

it was no longer a human being who was listening to him
više nije bilo ljudsko biće koje ga je slušalo
this motionless listener was absorbing his confession into himself
ovaj nepomični slušatelj upijao je njegovu ispovijest u sebe
this motionless listener was like a tree the rain
ovaj nepomični slušatelj bio je poput drveta kiša
this motionless man was the river itself
ovaj nepomični čovjek bila je sama rijeka
this motionless man was God himself
ovaj nepomični čovjek bio je sam Bog
the motionless man was the eternal itself
nepomičan čovjek bio je sam vječni
Siddhartha stopped thinking of himself and his wound
Siddhartha je prestao misliti na sebe i svoju ranu
this realisation of Vasudeva's changed character took possession of him
ova spoznaja Vasudevina promijenjenog karaktera obuzela ga je
and the more he entered into it, the less wondrous it became
i što je više ulazio u to, postajalo je manje čudesno
the more he realised that everything was in order and natural
to je više shvaćao da je sve u redu i prirodno
he realised that Vasudeva had already been like this for a long time
shvatio je da je Vasudeva već dugo bio takav
he had just not quite recognised it yet
samo ga još nije sasvim prepoznao
yes, he himself had almost reached the same state
da, i sam je skoro dospio u isto stanje
He felt, that he was now seeing old Vasudeva as the people see the gods
Osjećao je da sada vidi starog Vasudevu kao što ljudi vide bogove
and he felt that this could not last

i osjećao je da to ne može potrajati
in his heart, he started bidding his farewell to Vasudeva
u svom srcu, počeo se opraštati od Vasudeve
Throughout all this, he talked incessantly
Za sve to vrijeme on je neprestano pričao
When he had finished talking, Vasudeva turned his friendly eyes at him
Kad je završio razgovor, Vasudeva je uperio svoje prijateljske oči u njega
the eyes which had grown slightly weak
oči koje su malo oslabile
he said nothing, but let his silent love and cheerfulness shine
ne reče ništa, ali pusti da sja njegova tiha ljubav i vedrina
his understanding and knowledge shone from him
njegovo razumijevanje i znanje sijali su iz njega
He took Siddhartha's hand and led him to the seat by the bank
Uzeo je Siddharthu za ruku i odveo ga do sjedala kraj obale
he sat down with him and smiled at the river
sjeo je s njim i nasmiješio se rijeci
"You've heard it laugh," he said
"Čuli ste kako se smije", rekao je
"But you haven't heard everything"
"Ali nisi čuo sve"
"Let's listen, you'll hear more"
"Slušajmo, čut ćeš više"
Softly sounded the river, singing in many voices
Tiho je zvučala rijeka, pjevajući u mnogo glasova
Siddhartha looked into the water
Siddhartha je pogledao u vodu
Images appeared to him in the moving water
prikazivale su mu se slike u vodi koja se kretala
his father appeared, lonely and mourning for his son
pojavio se njegov otac, usamljen i tugujući za sinom
he himself appeared in the moving water

on sam se pojavio u vodi koja se kretala
he was also being tied with the bondage of yearning to his distant son
također je bio vezan ropstvom čežnje za svojim dalekim sinom
his son appeared, lonely as well
pojavio se njegov sin, također usamljen
the boy, greedily rushing along the burning course of his young wishes
dječak, pohlepno jureći gorućim putem svojih mladih želja
each one was heading for his goal
svaki je išao svome cilju
each one was obsessed by the goal
svaki je bio opsjednut ciljem
each one was suffering from the pursuit
svaki je patio od potjere
The river sang with a voice of suffering
Rijeka je pjevala glasom patnje
longingly it sang and flowed towards its goal
čeznutljivo je pjevala i tekla prema svom cilju
"Do you hear?" Vasudeva asked with a mute gaze
— Čuješ li? upita Vasudeva nijemim pogledom
Siddhartha nodded in reply
Siddhartha je kimnuo u znak odgovora
"Listen better!" Vasudeva whispered
— Slušaj bolje! šapnuo je Vasudeva
Siddhartha made an effort to listen better
Siddhartha se potrudio bolje slušati
The image of his father appeared
Pojavila se slika njegova oca
his own image merged with his father's
njegova se vlastita slika stopila s očevom
the image of his son merged with his image
slika njegova sina stopila se s njegovom slikom
Kamala's image also appeared and was dispersed
Kamalina slika se također pojavila i rapršila
and the image of Govinda, and other images

i slika Govinde, i druge slike
and all the imaged merged with each other
i sve se slikano stopilo jedno s drugim
all the imaged turned into the river
sve naslikano pretvorilo se u rijeku
being the river, they all headed for the goal
kao rijeka, svi su krenuli prema cilju
longing, desiring, suffering flowed together
čežnja, žudnja, patnja tekle su zajedno
and the river's voice sounded full of yearning
a glas rijeke zvučao je pun čežnje
the river's voice was full of burning woe
glas rijeke bio je pun gorućeg jada
the river's voice was full of unsatisfiable desire
glas rijeke bio je pun nezadovoljive želje
For the goal, the river was heading
Prema golu, rijeka je krenula
Siddhartha saw the river hurrying towards its goal
Siddhartha je vidio rijeku kako žuri prema svom cilju
the river of him and his loved ones and of all people he had ever seen
rijeka njega i njegovih voljenih i svih ljudi koje je ikada vidio
all of these waves and waters were hurrying
svi su ti valovi i vode žurili
they were all suffering towards many goals
svi su patili prema mnogim ciljevima
the waterfall, the lake, the rapids, the sea
vodopad, jezero, brzaci, more
and all goals were reached
i svi ciljevi su postignuti
and every goal was followed by a new one
a nakon svakog gola slijedio je novi
and the water turned into vapour and rose to the sky
a voda se pretvorila u paru i digla u nebo
the water turned into rain and poured down from the sky
voda se pretvorila u kišu i slijevala se s neba

the water turned into a source
voda se pretvorila u izvor
then the source turned into a stream
zatim se izvor pretvorio u potok
the stream turned into a river
potok se pretvorio u rijeku
and the river headed forwards again
a rijeka je ponovno krenula naprijed
But the longing voice had changed
Ali čeznutljivi glas se promijenio
It still resounded, full of suffering, searching
I dalje je odzvanjalo, puno patnje, traženja
but other voices joined the river
ali drugi su se glasovi pridružili rijeci
there were voices of joy and of suffering
čuli su se glasovi radosti i patnje
good and bad voices, laughing and sad ones
dobri i loši glasovi, nasmijani i tužni
a hundred voices, a thousand voices
stotinu glasova, tisuću glasova
Siddhartha listened to all these voices
Siddhartha je slušao sve te glasove
He was now nothing but a listener
Sada je bio samo slušatelj
he was completely concentrated on listening
bio je potpuno koncentriran na slušanje
he was completely empty now
sada je bio potpuno prazan
he felt that he had now finished learning to listen
osjećao je da je sada završio s učenjem slušanja
Often before, he had heard all this
Često je prije toga sve to čuo
he had heard these many voices in the river
čuo je toliko glasova u rijeci
today the voices in the river sounded new
danas su glasovi u rijeci zvučali novo

Already, he could no longer tell the many voices apart
Već sada više nije mogao razlikovati mnoge glasove
there was no difference between the happy voices and the weeping ones
nije bilo razlike između sretnih glasova i onih koji su plakali
the voices of children and the voices of men were one
glasovi djece i glasovi ljudi bili su jedno
all these voices belonged together
svi su ti glasovi pripadali zajedno
the lamentation of yearning and the laughter of the knowledgeable one
jadikovku čežnje i smijeh znalačkoga
the scream of rage and the moaning of the dying ones
vrisak bijesa i jauk umirućih
everything was one and everything was intertwined
sve je bilo jedno i sve je bilo isprepleteno
everything was connected and entangled a thousand times
sve je bilo povezano i zapetljano tisuću puta
everything together, all voices, all goals
sve zajedno, svi glasovi, svi ciljevi
all yearning, all suffering, all pleasure
sva čežnja, sva patnja, sav užitak
all that was good and evil
sve što je bilo dobro i zlo
all of this together was the world
sve je to zajedno bio svijet
All of it together was the flow of events
Sve je to skupa bio tijek događaja
all of it was the music of life
sve je to bila glazba života
when Siddhartha was listening attentively to this river
kada je Siddhartha pozorno slušao ovu rijeku
the song of a thousand voices
pjesma tisuću glasova
when he neither listened to the suffering nor the laughter
kad nije slušao ni patnju ni smijeh

when he did not tie his soul to any particular voice
kad svoju dušu nije vezao ni za jedan određeni glas
when he submerged his self into the river
kada je sebe uronio u rijeku
but when he heard them all he perceived the whole, the oneness
ali kad ih je sve čuo, opazio je cjelinu, jedinstvo
then the great song of the thousand voices consisted of a single word
tada se velika pjesma tisuću glasova sastojala od jedne jedine riječi
this word was Om; the perfection
ova riječ je bila Om; savršenstvo

"Do you hear" Vasudeva's gaze asked again
"Čuješ li", ponovno je upitao Vasudevin pogled
Brightly, Vasudeva's smile was shining
Jarko je blistao Vasudevin osmijeh
it was floating radiantly over all the wrinkles of his old face
blistavo je lebdjela po svim borama njegova starog lica
the same way the Om was floating in the air over all the voices of the river
na isti način na koji je Om lebdio u zraku nad svim glasovima rijeke
Brightly his smile was shining, when he looked at his friend
Osmijeh mu je blistavo blistao kada je pogledao svog prijatelja
and brightly the same smile was now starting to shine on Siddhartha's face
i jarko isti osmijeh sada je počeo sjati na Siddharthinom licu
His wound had blossomed and his suffering was shining
Njegova je rana procvjetala i njegova je patnja sjala
his self had flown into the oneness
njegovo je jastvo odletjelo u jedinstvo
In this hour, Siddhartha stopped fighting his fate
U ovom času, Siddhartha se prestao boriti protiv svoje sudbine

at the same time he stopped suffering
ujedno je prestao patiti
On his face flourished the cheerfulness of a knowledge
Na licu mu je bujala vedrina spoznaje
a knowledge which was no longer opposed by any will
znanje kojem se više nije suprotstavljala nikakva volja
a knowledge which knows perfection
znanje koje poznaje savršenstvo
a knowledge which is in agreement with the flow of events
znanje koje je u skladu s tokom događaja
a knowledge which is with the current of life
znanje koje je sa strujom života
full of sympathy for the pain of others
pun sućuti za tuđu bol
full of sympathy for the pleasure of others
pun simpatija za zadovoljstvo drugih
devoted to the flow, belonging to the oneness
posvećen tijeku, pripadajući jednosti
Vasudeva rose from the seat by the bank
Vasudeva je ustao sa sjedala kraj obale
he looked into Siddhartha's eyes
pogledao je u Siddharthine oči
and he saw the cheerfulness of the knowledge shining in his eyes
i vidio je kako u njegovim očima blista vedrina spoznaje
he softly touched his shoulder with his hand
nježno mu je rukom dotaknuo rame
"I've been waiting for this hour, my dear"
"Čekao sam ovaj čas, draga moja"
"Now that it has come, let me leave"
"Sad kad je došlo, pusti me da odem"
"For a long time, I've been waiting for this hour"
"Dugo sam čekao ovaj čas"
"for a long time, I've been Vasudeva the ferryman"
"dugo sam bio Vasudeva skelar"
"Now it's enough. Farewell"

"Sad je dosta. Zbogom"
"farewell river, farewell Siddhartha!"
"zbogom rijeko, zbogom Siddhartha!"
Siddhartha made a deep bow before him who bid his farewell
Siddhartha se duboko naklonio pred njim koji se oprostio
"I've known it," he said quietly
"Znao sam", rekao je tiho
"You'll go into the forests?"
"Ići ćete u šume?"
"I'm going into the forests"
"Idem u šume"
"I'm going into the oneness" spoke Vasudeva with a bright smile
"Idem u jedinstvo", rekao je Vasudeva s blistavim osmijehom
With a bright smile, he left
S blistavim osmijehom otišao je
Siddhartha watched him leaving
Siddhartha ga je gledao kako odlazi
With deep joy, with deep solemnity he watched him leave
S dubokom radošću, s dubokom svečanošću gledao ga je kako odlazi
he saw his steps were full of peace
vidio je da su mu koraci puni mira
he saw his head was full of lustre
vidio je da mu je glava puna sjaja
he saw his body was full of light
vidio je da mu je tijelo puno svjetla

Govinda

Govinda had been with the monks for a long time
Govinda je dugo bio s redovnicima
when not on pilgrimages, he spent his time in the pleasure-garden
kad nije bio na hodočašću, provodio je vrijeme u vrtu zadovoljstva
the garden which the courtesan Kamala had given the followers of Gotama
vrt koji je kurtizana Kamala dala sljedbenicima Gotame
he heard talk of an old ferryman, who lived a day's journey away
čuo je razgovor o starom skelaru, koji je živio dan putovanja daleko
he heard many regarded him as a wise man
čuo je da ga mnogi smatraju mudrim čovjekom
When Govinda went back, he chose the path to the ferry
Kad se Govinda vratio, odabrao je put do trajekta
he was eager to see the ferryman
bio je nestrpljiv da vidi skelara
he had lived his entire life by the rules
cijeli je život živio po pravilima
he was looked upon with veneration by the younger monks
na njega su mlađi redovnici gledali s štovanjem
they respected his age and modesty
poštovali su njegovu starost i skromnost
but his restlessness had not perished from his heart
ali njegov nemir nije nestao iz njegova srca
he was searching for what he had not found
tražio je ono što nije našao
He came to the river and asked the old man to ferry him over
Došao je do rijeke i zamolio starca da ga preveze
when they got off the boat on the other side, he spoke with the old man
kad su sišli s broda na drugu stranu, razgovarao je sa starcem

"You're very good to us monks and pilgrims"
"Jako ste dobri prema nama redovnicima i hodočasnicima"
"you have ferried many of us across the river"
"prevezao si mnoge od nas preko rijeke"
"Aren't you too, ferryman, a searcher for the right path?"
"Nisi li i ti, skelaru, tragač za pravim putem?"
smiling from his old eyes, Siddhartha spoke
smiješeći se svojim starim očima, progovori Siddhartha
"oh venerable one, do you call yourself a searcher?"
"oh časni, zar ti sebe nazivaš tragačem?"
"are you still a searcher, although already well in years?"
"još uvijek tražite, iako ste već u godinama?"
"do you search while wearing the robe of Gotama's monks?"
"Tražiš li dok nosiš odjeću Gotaminih redovnika?"
"It's true, I'm old," spoke Govinda
"Istina je, star sam", reče Govinda
"but I haven't stopped searching"
"ali nisam prestao tražiti"
"I will never stop searching"
"Nikad neću prestati tražiti"
"this seems to be my destiny"
"izgleda da je ovo moja sudbina"
"You too, so it seems to me, have been searching"
"I ti si, čini mi se, tražio"
"Would you like to tell me something, oh honourable one?"
— Hoćeš li mi nešto reći, o časna?
"What might I have that I could tell you, oh venerable one?"
"Što bih vam mogao reći, o časni?"
"Perhaps I could tell you that you're searching far too much?"
"Možda bih vam mogao reći da previše tražite?"
"Could I tell you that you don't make time for finding?"
"Mogu li vam reći da nemate vremena za pronalaženje?"
"How come?" asked Govinda
— Kako to? upita Govinda

"When someone is searching they might only see what they search for"
"Kada netko traži, možda vidi samo ono što traži"
"he might not be able to let anything else enter his mind"
"možda neće moći dopustiti da mu išta drugo padne na pamet"
"he doesn't see what he is not searching for"
"on ne vidi ono što ne traži"
"because he always thinks of nothing but the object of his search"
"jer on uvijek misli samo na predmet svoje potrage"
"he has a goal, which he is obsessed with"
"on ima cilj, kojim je opsjednut"
"Searching means having a goal"
"Tražiti znači imati cilj"
"But finding means being free, open, and having no goal"
"Ali pronaći znači biti slobodan, otvoren i nemati cilj"
"You, oh venerable one, are perhaps indeed a searcher"
"Ti si, o časni, možda doista tragač"
"because, when striving for your goal, there are many things you don't see"
"jer, kada težiš svom cilju, ima mnogo stvari koje ne vidiš"
"you might not see things which are directly in front of your eyes"
"možda nećete vidjeti stvari koje su vam izravno pred očima"
"I don't quite understand yet," said Govinda, "what do you mean by this?"
"Još mi nije sasvim jasno", reče Govinda, "što time misliš reći?"
"oh venerable one, you've been at this river before, a long time ago"
"o, časni, bio si na ovoj rijeci prije, davno"
"and you have found a sleeping man by the river"
"i našli ste čovjeka koji spava pored rijeke"
"you have sat down with him to guard his sleep"
"sjeli ste s njim da mu čuvate san"
"but, oh Govinda, you did not recognise the sleeping man"

"ali, o Govinda, nisi prepoznao usnulog čovjeka"
Govinda was astonished, as if he had been the object of a magic spell
Govinda je bio zapanjen, kao da je bio predmet čarobne čarolije
the monk looked into the ferryman's eyes
redovnik je pogledao u skelareve oči
"Are you Siddhartha?" he asked with a timid voice
"Jesi li ti Siddhartha?" - upitao je bojažljivim glasom
"I wouldn't have recognised you this time either!"
– Ni ovaj put te ne bih prepoznao!
"from my heart, I'm greeting you, Siddhartha"
"od srca te pozdravljam Siddhartha"
"from my heart, I'm happy to see you once again!"
"od srca, sretan sam što te opet vidim!"
"You've changed a lot, my friend"
"Mnogo si se promijenio, prijatelju"
"and you've now become a ferryman?"
"i sada si postao skelar?"
In a friendly manner, Siddhartha laughed
Na prijateljski način, Siddhartha se nasmijao
"yes, I am a ferryman"
"da, ja sam skelar"
"Many people, Govinda, have to change a lot"
"Mnogi ljudi, Govinda, moraju se mnogo promijeniti"
"they have to wear many robes"
"moraju nositi mnogo haljina"
"I am one of those who had to change a lot"
"Ja sam jedan od onih koji su morali mnogo promijeniti"
"Be welcome, Govinda, and spend the night in my hut"
"Budi dobrodošao, Govinda, i provedi noć u mojoj kolibi"
Govinda stayed the night in the hut
Govinda je prenoćio u kolibi
he slept on the bed which used to be Vasudeva's bed
spavao je na krevetu koji je nekada bio Vasudevin krevet
he posed many questions to the friend of his youth

postavljao je mnoga pitanja prijatelju svoje mladosti
Siddhartha had to tell him many things from his life
Siddhartha mu je morao ispričati mnoge stvari iz svog života

then the next morning came
onda je došlo sljedeće jutro
the time had come to start the day's journey
došlo je vrijeme za početak dnevnog putovanja
without hesitation, Govinda asked one more question
bez oklijevanja Govinda postavi još jedno pitanje
"Before I continue on my path, Siddhartha, permit me to ask one more question"
"Prije nego što nastavim svojim putem, Siddhartha, dopusti mi da postavim još jedno pitanje"
"Do you have a teaching that guides you?"
"Imate li učenje koje vas vodi?"
"Do you have a faith or a knowledge you follow"
"Imate li vjeru ili znanje koje slijedite"
"is there a knowledge which helps you to live and do right?"
"Postoji li znanje koje ti pomaže da živiš i činiš ispravno?"
"You know well, my dear, I have always been distrustful of teachers"
"Znaš dobro, draga moja, uvijek sam bio nepovjerljiv prema učiteljima"
"as a young man I already started to doubt teachers"
"već sam kao mladić počeo sumnjati u učitelje"
"when we lived with the penitents in the forest, I distrusted their teachings"
"Kad smo živjeli s pokajnicima u šumi, nisam vjerovao njihovim učenjima"
"and I turned my back to them"
"i okrenuo sam im leđa"
"I have remained distrustful of teachers"
"Ostao sam nepovjerljiv prema učiteljima"
"Nevertheless, I have had many teachers since then"
"Ipak, od tada sam imao mnogo učitelja"

"A beautiful courtesan has been my teacher for a long time"
"Lijepa kurtizana bila je moja učiteljica dugo vremena"
"a rich merchant was my teacher"
"bogati trgovac bio je moj učitelj"
"and some gamblers with dice taught me"
"a naučili su me neki kockari s kockicama"
"Once, even a follower of Buddha has been my teacher"
"Nekada je čak i sljedbenik Bude bio moj učitelj"
"he was travelling on foot, pilgering"
"putovao je pješice, lutajući"
"and he sat with me when I had fallen asleep in the forest"
"i sjedio je sa mnom kad sam zaspao u šumi"
"I've also learned from him, for which I'm very grateful"
"I ja sam učio od njega, na čemu sam mu jako zahvalan"
"But most of all, I have learned from this river"
"Ali najviše od svega sam naučio od ove rijeke"
"and I have learned most from my predecessor, the ferryman Vasudeva"
"a najviše sam naučio od svog prethodnika, brodara Vasudeve"
"He was a very simple person, Vasudeva, he was no thinker"
"Bio je vrlo jednostavna osoba, Vasudeva, nije bio mislilac"
"but he knew what is necessary just as well as Gotama"
"ali znao je što je potrebno jednako dobro kao Gotama"
"he was a perfect man, a saint"
"bio je savršen čovjek, svetac"
"Siddhartha still loves to mock people, it seems to me"
"Siddhartha se i dalje voli rugati ljudima, čini mi se"
"I believe in you and I know that you haven't followed a teacher"
"Vjerujem u tebe i znam da nisi pratio učitelja"
"But haven't you found something by yourself?"
"Ali zar nisi nešto sam našao?"
"though you've found no teachings, you still found certain thoughts"
"iako niste našli učenja, ipak ste pronašli određene misli"

"certain insights, which are your own"
"određeni uvidi, koji su vaši"
"insights which help you to live"
"uvidi koji ti pomažu živjeti"
"Haven't you found something like this?"
"Zar niste pronašli nešto ovakvo?"
"If you would like to tell me, you would delight my heart"
"Da mi želiš reći, oduševio bi moje srce"
"you are right, I have had thoughts and gained many insights"
"u pravu si, razmišljao sam i stekao mnoge uvide"
"Sometimes I have felt knowledge in me for an hour"
"Ponekad osjetim znanje u sebi na sat vremena"
"at other times I have felt knowledge in me for an entire day"
"u drugim slučajevima osjećao sam znanje u sebi cijeli dan"
"the same knowledge one feels when one feels life in one's heart"
"isto znanje koje čovjek osjeti kada osjeti život u svom srcu"
"There have been many thoughts"
"Bilo je mnogo razmišljanja"
"but it would be hard for me to convey these thoughts to you"
"ali bilo bi mi teško prenijeti ti ove misli"
"my dear Govinda, this is one of my thoughts which I have found"
"Dragi moj Govinda, ovo je jedna od mojih misli koje sam pronašao"
"wisdom cannot be passed on"
"mudrost se ne prenosi"
"Wisdom which a wise man tries to pass on always sounds like foolishness"
"Mudrost koju mudar čovjek pokušava prenijeti uvijek zvuči kao glupost"
"Are you kidding?" asked Govinda
– Šališ se? upita Govinda

"I'm not kidding, I'm telling you what I have found"
"Ne šalim se, govorim vam što sam našao"
"Knowledge can be conveyed, but wisdom can't"
"Znanje se može prenijeti, ali mudrost ne može"
"wisdom can be found, it can be lived"
"mudrost se može pronaći, može se živjeti"
"it is possible to be carried by wisdom"
"moguće je biti nošen mudrošću"
"miracles can be performed with wisdom"
"čuda se mogu učiniti mudrošću"
"but wisdom cannot be expressed in words or taught"
"ali mudrost se ne može izraziti riječima niti naučiti"
"This was what I sometimes suspected, even as a young man"
"To je ono što sam ponekad sumnjao, čak i kao mladić"
"this is what has driven me away from the teachers"
"ovo je ono što me udaljilo od učitelja"
"I have found a thought which you'll regard as foolishness"
"Pronašao sam misao koju ćeš ti smatrati glupošću"
"but this thought has been my best"
"ali ova mi je misao najbolja"
"The opposite of every truth is just as true!"
"Suprotno svakoj istini jednako je istinito!"
"any truth can only be expressed when it is one-sided"
"svaka istina se može izraziti samo kada je jednostrana"
"only one sided things can be put into words"
"samo jednostrane stvari se mogu izraziti riječima"
"Everything which can be thought is one-sided"
"Sve što se može misliti je jednostrano"
"it's all one-sided, so it's just one half"
"sve je jednostrano, znači samo jedna polovica"
"it all lacks completeness, roundness, and oneness"
"svemu nedostaje cjelovitost, zaokruženost i jedinstvo"
"the exalted Gotama spoke in his teachings of the world"
"uzvišeni Gotama govorio je u svojim učenjima o svijetu"
"but he had to divide the world into Sansara and Nirvana"

"ali je morao podijeliti svijet na Sansaru i Nirvanu"
"he had divided the world into deception and truth"
"podijelio je svijet na prijevaru i istinu"
"he had divided the world into suffering and salvation"
"podijelio je svijet na patnju i spasenje"
"the world cannot be explained any other way"
"svijet se ne može drugačije objasniti"
"there is no other way to explain it, for those who want to teach"
"ne postoji drugi način da se to objasni, za one koji žele podučavati"
"But the world itself is never one-sided"
"Ali sam svijet nikada nije jednostran"
"the world exists around us and inside of us"
"svijet postoji oko nas i unutar nas"
"A person or an act is never entirely Sansara or entirely Nirvana"
"Osoba ili djelo nikada nisu u potpunosti Sansara ili u potpunosti Nirvana"
"a person is never entirely holy or entirely sinful"
"osoba nikada nije posve sveta ili potpuno grešna"
"It seems like the world can be divided into these opposites"
"Čini se da se svijet može podijeliti na ove suprotnosti"
"but that's because we are subject to deception"
"ali to je zato što smo podložni prevari"
"it's as if the deception was something real"
"kao da je prevara bila nešto stvarno"
"Time is not real, Govinda"
"Vrijeme nije stvarno, Govinda"
"I have experienced this often and often again"
"Ovo sam doživio često i često opet"
"when time is not real, the gap between the world and the eternity is also a deception"
"Kad vrijeme nije stvarno, varka je i jaz između svijeta i vječnosti"
"the gap between suffering and blissfulness is not real"

"jaz između patnje i blaženstva nije stvaran"
"there is no gap between evil and good"
"nema jaza između zla i dobra"
"all of these gaps are deceptions"
"sve te praznine su obmane"
"but these gaps appear to us nonetheless"
"ali svejedno nam se te praznine čine"
"How come?" asked Govinda timidly
— Kako to? upita Govinda bojažljivo
"Listen well, my dear," answered Siddhartha
"Slušaj dobro, draga moja", odgovori Siddhartha
"The sinner, which I am and which you are, is a sinner"
"Grešnik, kakav sam ja i kakav si ti, je grešnik"
"but in times to come the sinner will be Brahma again"
"ali u vremenima koja dolaze grešnik će opet biti Brahma"
"he will reach the Nirvana and be Buddha"
"on će dostići nirvanu i biti Buddha"
"the times to come are a deception"
"Vremena koja dolaze su varka"
"the times to come are only a parable!"
"vremena koja dolaze samo su parabola!"
"The sinner is not on his way to become a Buddha"
"Grešnik nije na putu da postane Buda"
"he is not in the process of developing"
"on nije u procesu razvoja"
"our capacity for thinking does not know how else to picture these things"
"naša sposobnost razmišljanja ne zna kako drugačije zamisliti te stvari"
"No, within the sinner there already is the future Buddha"
"Ne, unutar grešnika već postoji budući Buddha"
"his future is already all there"
"njegova budućnost je već tu"
"you have to worship the Buddha in the sinner"
"moraš obožavati Budu u grešniku"
"you have to worship the Buddha hidden in everyone"

"moraš obožavati Budu skrivenog u svima"
"the hidden Buddha which is coming into being the possible"
"skriveni Buddha koji nastaje mogući"
"The world, my friend Govinda, is not imperfect"
"Svijet, moj prijatelju Govinda, nije nesavršen"
"the world is on no slow path towards perfection"
"svijet je na sporom putu prema savršenstvu"
"no, the world is perfect in every moment"
"ne, svijet je savršen u svakom trenutku"
"all sin already carries the divine forgiveness in itself"
"svaki grijeh već u sebi nosi božanski oprost"
"all small children already have the old person in themselves"
"sva mala djeca već imaju staru osobu u sebi"
"all infants already have death in them"
"sva dojenčad već nosi smrt u sebi"
"all dying people have the eternal life"
"svi ljudi koji umiru imaju život vječni"
"we can't see how far another one has already progressed on his path"
"ne možemo vidjeti koliko je drugi već napredovao na svom putu"
"in the robber and dice-gambler, the Buddha is waiting"
"u pljačkašu i kockaru Buddha čeka"
"in the Brahman, the robber is waiting"
"U Brahmanu, razbojnik čeka"
"in deep meditation, there is the possibility to put time out of existence"
"u dubokoj meditaciji, postoji mogućnost da se vrijeme izbaci iz postojanja"
"there is the possibility to see all life simultaneously"
"postoji mogućnost vidjeti sav život istovremeno"
"it is possible to see all life which was, is, and will be"
"moguće je vidjeti sav život koji je bio, jest i koji će biti"
"and there everything is good, perfect, and Brahman"

"i tamo je sve dobro, savršeno i Brahman"
"Therefore, I see whatever exists as good"
"Stoga sve što postoji vidim kao dobro"
"death is to me like life"
"smrt je za mene kao život"
"to me sin is like holiness"
"meni je grijeh kao svetost"
"wisdom can be like foolishness"
"Mudrost može biti poput ludosti"
"everything has to be as it is"
"sve mora biti kako jest"
"everything only requires my consent and willingness"
"za sve je potreban samo moj pristanak i volja"
"all that my view requires is my loving agreement to be good for me"
"sve što moj pogled zahtijeva je moj pristanak pun ljubavi da bude dobro za mene"
"my view has to do nothing but work for my benefit"
"moj pogled ne mora raditi ništa osim raditi za moju dobrobit"
"and then my perception is unable to ever harm me"
"i tada mi moja percepcija ne može nauditi"
"I have experienced that I needed sin very much"
"Iskusio sam da mi je grijeh bio jako potreban"
"I have experienced this in my body and in my soul"
"To sam doživio u svom tijelu i u svojoj duši"
"I needed lust, the desire for possessions, and vanity"
"Trebala mi je požuda, želja za posjedovanjem i taština"
"and I needed the most shameful despair"
"i trebao mi je najsramniji očaj"
"in order to learn how to give up all resistance"
"kako bi naučio kako odustati od svakog otpora"
"in order to learn how to love the world"
"da naučim kako voljeti svijet"
"in order to stop comparing things to some world I wished for"

"kako bih prestao uspoređivati stvari s nekim svijetom koji sam priželjkivao"
"I imagined some kind of perfection I had made up"
"Zamišljao sam nekakvo savršenstvo koje sam izmislio"
"but I have learned to leave the world as it is"
"ali naučio sam ostaviti svijet onakvim kakav jest"
"I have learned to love the world as it is"
"Naučio sam voljeti svijet kakav jest"
"and I learned to enjoy being a part of it"
"i naučio sam uživati biti dio toga"
"These, oh Govinda, are some of the thoughts which have come into my mind"
"Ovo su, o Govinda, neke od misli koje su mi pale na pamet"

Siddhartha bent down and picked up a stone from the ground
Siddhartha se sagnuo i podigao kamen s tla
he weighed the stone in his hand
vagao je kamen u ruci
"This here," he said playing with the rock, "is a stone"
"Ovo ovdje", rekao je igrajući se sa stijenom, "je kamen"
"this stone will, after a certain time, perhaps turn into soil"
"ovaj kamen će se nakon nekog vremena možda pretvoriti u tlo"
"it will turn from soil into a plant or animal or human being"
"pretvorit će se iz tla u biljku ili životinju ili ljudsko biće"
"In the past, I would have said this stone is just a stone"
"U prošlosti bih rekao da je ovaj kamen samo kamen"
"I might have said it is worthless"
"Mogao sam reći da je bezvrijedan"
"I would have told you this stone belongs to the world of the Maya"
"Rekao bih ti da ovaj kamen pripada svijetu Maja"
"but I wouldn't have seen that it has importance"
"ali ne bih vidio da to ima važnost"

"it might be able to become a spirit in the cycle of transformations"
"možda bi mogao postati duh u ciklusu transformacija"
"therefore I also grant it importance"
"stoga mu također pridajem važnost"
"Thus, I would perhaps have thought in the past"
"Tako bih možda mislio u prošlosti"
"But today I think differently about the stone"
"Ali danas drugačije mislim o kamenu"
"this stone is a stone, and it is also animal, god, and Buddha"
"ovaj kamen je kamen, a također je i životinja, bog i Buda"
"I do not venerate and love it because it could turn into this or that"
"Ne štujem i ne volim jer bi se moglo pretvoriti u ovo ili ono"
"I love it because it is those things"
"Volim to jer su to te stvari"
"this stone is already everything"
"ovaj kamen je već sve"
"it appears to me now and today as a stone"
"sada i danas mi se čini kao kamen"
"that is why I love this"
"zato volim ovo"
"that is why I see worth and purpose in each of its veins and cavities"
"zato vidim vrijednost i svrhu u svakoj njegovoj žili i šupljini"
"I see value in its yellow, gray, and hardness"
"Vidim vrijednost u njegovoj žutoj, sivoj boji i tvrdoći"
"I appreciated the sound it makes when I knock at it"
"Cijenim zvuk koji proizvodi kad pokucam u njega"
"I love the dryness or wetness of its surface"
"Volim suhoću ili vlažnost njegove površine"
"There are stones which feel like oil or soap"
"Postoje kamenja koja se osjećaju kao ulje ili sapun"
"and other stones feel like leaves or sand"
"i drugo kamenje je poput lišća ili pijeska"
"and every stone is special and prays the Om in its own way"

"i svaki kamen je poseban i moli Om na svoj način"
"each stone is Brahman"
"svaki kamen je Brahman"
"but simultaneously, and just as much, it is a stone"
"ali istovremeno, i isto toliko, to je kamen"
"it is a stone regardless of whether it's oily or juicy"
"koštunica je bez obzira da li je masna ili sočna"
"and this why I like and regard this stone"
"i zato volim i cijenim ovaj kamen"
"it is wonderful and worthy of worship"
"divan je i vrijedan obožavanja"
"But let me speak no more of this"
"Ali da ne govorim više o ovome"
"words are not good for transmitting the secret meaning"
"riječi nisu dobre za prenošenje tajnog značenja"
"everything always becomes a bit different, as soon as it is put into words"
"uvijek sve postane malo drugačije, čim se izrazi riječima"
"everything gets distorted a little by words"
"sve se malo iskrivi riječima"
"and then the explanation becomes a bit silly"
"i onda objašnjenje postane malo glupo"
"yes, and this is also very good, and I like it a lot"
"da, i ovo je jako dobro, i jako mi se sviđa"
"I also very much agree with this"
"I ja se jako slažem s ovim"
"one man's treasure and wisdom always sounds like foolishness to another person"
"Blago i mudrost jednog čovjeka uvijek zvuči kao glupost drugome"
Govinda listened silently to what Siddhartha was saying
Govinda je šutke slušao što je Siddhartha govorio
there was a pause and Govinda hesitantly asked a question
nastala je stanka i Govinda je oklijevajući postavio pitanje
"Why have you told me this about the stone?"
"Zašto si mi rekao ovo o kamenu?"

"I did it without any specific intention"
"Učinio sam to bez ikakve posebne namjere"
"perhaps what I meant was, that I love this stone and the river"
"možda sam mislio da volim ovaj kamen i rijeku"
"and I love all these things we are looking at"
"i volim sve ove stvari koje gledamo"
"and we can learn from all these things"
"i možemo naučiti iz svih ovih stvari"
"I can love a stone, Govinda"
"Mogu voljeti kamen, Govinda"
"and I can also love a tree or a piece of bark"
"a mogu voljeti i drvo ili komad kore"
"These are things, and things can be loved"
"To su stvari, a stvari se mogu voljeti"
"but I cannot love words"
"ali ne mogu voljeti riječi"
"therefore, teachings are no good for me"
"dakle, učenja nisu dobra za mene"
"teachings have no hardness, softness, colours, edges, smell, or taste"
"učenja nemaju tvrdoću, mekoću, boje, rubove, miris ili okus"
"teachings have nothing but words"
"učenja nemaju ništa osim riječi"
"perhaps it is words which keep you from finding peace"
"možda te riječi sprječavaju da nađeš mir"
"because salvation and virtue are mere words"
"jer su spasenje i krepost samo riječi"
"Sansara and Nirvana are also just mere words, Govinda"
"Sansara i Nirvana su također samo riječi, Govinda"
"there is no thing which would be Nirvana"
"nema stvari koja bi bila nirvana"
"therefore Nirvana is just the word"
" Stoga je nirvana samo riječ"
Govinda objected, "Nirvana is not just a word, my friend"
Govinda se usprotivio: "Nirvana nije samo riječ, prijatelju moj"

"Nirvana is a word, but also it is a thought"
"Nirvana je riječ, ali je i misao"
Siddhartha continued, "it might be a thought"
Siddhartha je nastavio, "to bi mogla biti misao"
"I must confess, I don't differentiate much between thoughts and words"
"Moram priznati, ne pravim veliku razliku između misli i riječi"
"to be honest, I also have no high opinion of thoughts"
"da budem iskren, ni ja nemam visoko mišljenje o mislima"
"I have a better opinion of things than thoughts"
"Imam bolje mišljenje o stvarima nego o mislima"
"Here on this ferry-boat, for instance, a man has been my predecessor"
"Ovdje na ovom trajektu, na primjer, čovjek je bio moj prethodnik"
"he was also one of my teachers"
"on je također bio jedan od mojih učitelja"
"a holy man, who has for many years simply believed in the river"
"sveti čovjek, koji je dugi niz godina jednostavno vjerovao u rijeku"
"and he believed in nothing else"
"i nije vjerovao ni u što drugo"
"He had noticed that the river spoke to him"
"Primijetio je da mu rijeka govori"
"he learned from the river"
"naučio je od rijeke"
"the river educated and taught him"
"rijeka ga je odgojila i naučila"
"the river seemed to be a god to him"
"rijeka mu se činila kao bog"
"for many years he did not know that everything was as divine as the river"
"dugo godina nije znao da je sve božanstveno kao rijeka"
"the wind, every cloud, every bird, every beetle"

"vjetar, svaki oblak, svaka ptica, svaka buba"
"they can teach just as much as the river"
"oni mogu naučiti isto koliko i rijeka"
"But when this holy man went into the forests, he knew everything"
"Ali kada je ovaj sveti čovjek otišao u šume, znao je sve"
"he knew more than you and me, without teachers or books"
"znao je više od tebe i mene, bez učitelja i knjiga"
"he knew more than us only because he had believed in the river"
"on je znao više od nas samo zato što je vjerovao u rijeku"

Govinda still had doubts and questions
Govinda je i dalje imao sumnje i pitanja
"But is that what you call things actually something real?"
"Ali je li to ono što vi nazivate stvarima zapravo nešto stvarno?"
"do these things have existence?"
"postoje li te stvari?"
"Isn't it just a deception of the Maya"
"Nije li to samo obmana Maja"
"aren't all these things an image and illusion?"
"nisu li sve te stvari slika i iluzija?"
"Your stone, your tree, your river"
"Tvoj kamen, tvoje drvo, tvoja rijeka"
"are they actually a reality?"
"jesu li oni zapravo stvarnost?"
"This too," spoke Siddhartha, "I do not care very much about"
"I za ovo", reče Siddhartha, "nije me previše briga"
"Let the things be illusions or not"
"Neka stvari budu iluzije ili ne"
"after all, I would then also be an illusion"
"uostalom, i ja bih tada bio iluzija"
"and if these things are illusions then they are like me"
"a ako su te stvari iluzije onda su kao ja"

"This is what makes them so dear and worthy of veneration for me"
"To je ono što ih čini tako dragima i vrijednima poštovanja za mene"
"these things are like me and that is how I can love them"
"ove stvari su poput mene i tako ih mogu voljeti"
"this is a teaching you will laugh about"
"ovo je učenje kojem ćete se smijati"
"love, oh Govinda, seems to me to be the most important thing of all"
"Ljubav, o Govinda, čini mi se da je najvažnija stvar od svega"
"to thoroughly understand the world may be what great thinkers do"
"temeljito razumjeti svijet može biti ono što veliki mislioci rade"
"they explain the world and despise it"
"oni objašnjavaju svijet i preziru ga"
"But I'm only interested in being able to love the world"
"Ali mene samo zanima da mogu voljeti svijet"
"I am not interested in despising the world"
"Ne zanima me prezir svijeta"
"I don't want to hate the world"
"Ne želim mrziti svijet"
"and I don't want the world to hate me"
"i ne želim da me svijet mrzi"
"I want to be able to look upon the world and myself with love"
"Želim moći gledati svijet i sebe s ljubavlju"
"I want to look upon all beings with admiration"
"Želim sva bića gledati s divljenjem"
"I want to have a great respect for everything"
"Želim imati veliko poštovanje prema svemu"
"This I understand," spoke Govinda
"To razumijem", reče Govinda
"But this very thing was discovered by the exalted one to be a deception"

"Ali upravo je to uzvišeni otkrio kao obmana"
"He commands benevolence, clemency, sympathy, tolerance"
"On nalaže dobronamjernost, milosrđe, suosjećanje, toleranciju"
"but he does not command love"
"ali on ne zapovijeda ljubav"
"he forbade us to tie our heart in love to earthly things"
"zabranio nam je da svoje srce u ljubavi vežemo za zemaljske stvari"
"I know it, Govinda," said Siddhartha, and his smile shone golden
"Znam to, Govinda", rekao je Siddhartha, a njegov je osmijeh zasjao zlatno
"And behold, with this we are right in the thicket of opinions"
"I eto, s ovim smo baš u šipražju mišljenja"
"now we are in the dispute about words"
"sada smo u raspravi oko riječi"
"For I cannot deny, my words of love are a contradiction"
"Jer ne mogu poreći, moje riječi ljubavi su kontradikcija"
"they seem to be in contradiction with Gotama's words"
"čini se da su u kontradikciji s Gotaminim riječima"
"For this very reason, I distrust words so much"
"Upravo iz tog razloga, toliko ne vjerujem riječima"
"because I know this contradiction is a deception"
"jer znam da je ova kontradikcija obmana"
"I know that I am in agreement with Gotama"
"Znam da se slažem s Gotamom"
"How could he not know love when he has discovered all elements of human existence"
"Kako ne bi upoznao ljubav kad je otkrio sve elemente ljudskog postojanja"
"he has discovered their transitoriness and their meaninglessness"
"on je otkrio njihovu prolaznost i besmisao"
"and yet he loved people very much"

"a ipak je jako volio ljude"
"he used a long, laborious life only to help and teach them!"
"iskoristio je dug, naporan život samo da bi im pomogao i naučio ih!"
"Even with your great teacher, I prefer things over the words"
"Čak i uz vašeg sjajnog učitelja, više volim stvari nego riječi"
"I place more importance on his acts and life than on his speeches"
"Više važnosti pridajem njegovim djelima i životu nego njegovim govorima"
"I value the gestures of his hand more than his opinions"
"Više cijenim geste njegove ruke nego njegovo mišljenje"
"for me there was nothing in his speech and thoughts"
"za mene nije bilo ništa u njegovom govoru i mislima"
"I see his greatness only in his actions and in his life"
"Njegovu veličinu vidim samo u njegovim djelima i u njegovom životu"

For a long time, the two old men said nothing
Dugo su dva starca šutjela
Then Govinda spoke, while bowing for a farewell
Zatim je Govinda progovorio, klanjajući se za oproštaj
"I thank you, Siddhartha, for telling me some of your thoughts"
"Zahvaljujem ti, Siddhartha, što si mi rekao neke svoje misli"
"These thoughts are partially strange to me"
"Ove misli su mi djelomično čudne"
"not all of these thoughts have been instantly understandable to me"
"nisu mi sve ove misli bile odmah razumljive"
"This being as it may, I thank you"
"Kako god bilo, zahvaljujem vam"
"and I wish you to have calm days"
"i želim ti mirne dane"
But secretly he thought something else to himself

Ali potajno je u sebi mislio nešto drugo
"This Siddhartha is a bizarre person"
"Ovaj Siddhartha je bizarna osoba"
"he expresses bizarre thoughts"
"on izražava bizarne misli"
"his teachings sound foolish"
"njegova učenja zvuče glupo"
"the exalted one's pure teachings sound very different"
"čista učenja uzvišenog zvuče sasvim drugačije"
"those teachings are clearer, purer, more comprehensible"
"ta su učenja jasnija, čišća, razumljivija"
"there is nothing strange, foolish, or silly in those teachings"
"u tim učenjima nema ništa čudno, glupo ili glupo"
"But Siddhartha's hands seemed different from his thoughts"
"Ali Siddharthine ruke su izgledale drugačije od njegovih misli"
"his feet, his eyes, his forehead, his breath"
"njegova stopala, njegove oči, njegovo čelo, njegov dah"
"his smile, his greeting, his walk"
"njegov osmijeh, njegov pozdrav, njegov hod"
"I haven't met another man like him since Gotama became one with the Nirvana"
"Nisam sreo čovjeka poput njega otkad je Gotama postao jedno s Nirvanom"
"since then I haven't felt the presence of a holy man"
"Od tada nisam osjetio prisutnost svetog čovjeka"
"I have only found Siddhartha, who is like this"
"Našao sam samo Siddharthu, koji je ovakav"
"his teachings may be strange and his words may sound foolish"
"njegova učenja mogu biti čudna i njegove riječi mogu zvučati glupo"
"but purity shines out of his gaze and hand"
"ali čistoća sija iz njegovog pogleda i ruke"
"his skin and his hair radiates purity"

"njegova koža i kosa zrače čistoćom"
"purity shines out of every part of him"
"čistoća blista iz svakog dijela njega"
"a calmness, cheerfulness, mildness and holiness shines from him"
"iz njega blista smirenost, vedrina, blagost i svetost"
"something which I have seen in no other person"
"nešto što nisam vidio ni kod jedne druge osobe"
"I have not seen it since the final death of our exalted teacher"
"Nisam to vidio od konačne smrti našeg uzvišenog učitelja"
While Govinda thought like this, there was a conflict in his heart
Dok je Govinda ovako razmišljao, u njegovom je srcu bio sukob
he once again bowed to Siddhartha
još jednom se naklonio Siddharthi
he felt he was drawn forward by love
osjećao je da ga ljubav vuče naprijed
he bowed deeply to him who was calmly sitting
duboko se poklonio njemu koji je mirno sjedio
"Siddhartha," he spoke, "we have become old men"
"Siddhartha," rekao je, "postali smo starci"
"It is unlikely for one of us to see the other again in this incarnation"
"Malo je vjerojatno da će jedno od nas ponovno vidjeti drugoga u ovoj inkarnaciji"
"I see, beloved, that you have found peace"
"Vidim, voljeni, da si našao mir"
"I confess that I haven't found it"
"Priznajem da ga nisam našao"
"Tell me, oh honourable one, one more word"
"Reci mi, o časna, još jednu riječ"
"give me something on my way which I can grasp"
"daj mi na putu nešto što mogu uhvatiti"
"give me something which I can understand!"

"daj mi nešto što mogu razumjeti!"
"give me something I can take with me on my path"
"daj mi nešto što mogu ponijeti sa sobom na svoj put"
"my path is often hard and dark, Siddhartha"
"Moj put je često težak i mračan, Siddhartha"
Siddhartha said nothing and looked at him
Siddhartha ne reče ništa i pogleda ga
he looked at him with his ever unchanged, quiet smile
pogledao ga je sa svojim uvijek nepromijenjenim, tihim osmijehom
Govinda stared at his face with fear
Govinda je sa strahom zurio u njegovo lice
there was yearning and suffering in his eyes
u očima mu se vidjela čežnja i patnja
the eternal search was visible in his look
u njegovu se pogledu vidjela vječna potraga
you could see his eternal inability to find
mogli ste vidjeti njegovu vječnu nesposobnost da pronađe
Siddhartha saw it and smiled
Siddhartha je to vidio i nasmiješio se
"Bend down to me!" he whispered quietly in Govinda's ear
— Sagni se k meni! tiho je šapnuo Govindi na uho
"Like this, and come even closer!"
— Ovako, pa još bliže!
"Kiss my forehead, Govinda!"
"Poljubi me u čelo, Govinda!"
Govinda was astonished, but drawn on by great love and expectation
Govinda je bio zapanjen, ali vučen velikom ljubavlju i očekivanjem
he obeyed his words and bent down closely to him
poslušao je njegove riječi i prignuo se k njemu
and he touched his forehead with his lips
a usnama je dotaknuo čelo
when he did this, something miraculous happened to him
kada je to učinio, dogodilo mu se nešto čudesno

his thoughts were still dwelling on Siddhartha's wondrous words
misli su mu još uvijek bile na Siddharthinim čudesnim riječima
he was still reluctantly struggling to think away time
još uvijek se nevoljko borio da razmišlja o vremenu
he was still trying to imagine Nirvana and Sansara as one
još uvijek je pokušavao zamisliti Nirvanu i Sansaru kao jedno
there was still a certain contempt for the words of his friend
još uvijek je postojao određeni prezir prema riječima njegova prijatelja
those words were still fighting in him
te su se riječi još borile u njemu
those words were still fighting against an immense love and veneration
te su se riječi još uvijek borile protiv goleme ljubavi i štovanja
and during all these thoughts, something else happened to him
a tijekom svih tih razmišljanja dogodilo mu se još nešto
He no longer saw the face of his friend Siddhartha
Više nije vidio lice svog prijatelja Siddharthe
instead of Siddhartha's face, he saw other faces
umjesto Siddharthinog lica, vidio je druga lica
he saw a long sequence of faces
vidio je dugačak niz lica
he saw a flowing river of faces
vidio je rijeku lica koja teče
hundreds and thousands of faces, which all came and disappeared
stotine i tisuće lica, koja su sva dolazila i nestajala
and yet they all seemed to be there simultaneously
a ipak se činilo da su svi bili tamo istodobno
they constantly changed and renewed themselves
stalno su se mijenjali i obnavljali
they were themselves and they were still all Siddhartha's face

bili su oni sami i još uvijek su svi bili Siddharthino lice
he saw the face of a fish with an infinitely painfully opened mouth
vidio je lice ribe s beskrajno bolno otvorenim ustima
the face of a dying fish, with fading eyes
lice umiruće ribe, s očima koje blijede
he saw the face of a new-born child, red and full of wrinkles
ugledao je lice tek rođenog djeteta, crveno i puno bora
it was distorted from crying
bilo je iskrivljeno od plača
he saw the face of a murderer
vidio je lice ubojice
he saw him plunging a knife into the body of another person
vidio ga je kako zariva nož u tijelo druge osobe
he saw, in the same moment, this criminal in bondage
vidio je, u istom trenutku, ovog zločinca u ropstvu
he saw him kneeling before a crowd
vidio ga je kako kleči pred gomilom
and he saw his head being chopped off by the executioner
i vidio je kako mu krvnik odrubljuje glavu
he saw the bodies of men and women
vidio je tijela muškaraca i žena
they were naked in positions and cramps of frenzied love
bili su goli u položajima i grčevima bjesomučne ljubavi
he saw corpses stretched out, motionless, cold, void
vidio je leševe ispružene, nepomične, hladne, prazne
he saw the heads of animals
vidio je glave životinja
heads of boars, of crocodiles, and of elephants
glave veprova, krokodila i slonova
he saw the heads of bulls and of birds
vidio je glave bikova i ptica
he saw gods; Krishna and Agni
vidio je bogove; Krišna i Agni

he saw all of these figures and faces in a thousand relationships with one another
vidio je sve te likove i lica u tisuću međusobnih odnosa
each figure was helping the other
svaka je figura pomagala drugoj
each figure was loving their relationship
svaka je figura voljela svoj odnos
each figure was hating their relationship, destroying it
svaka je figura mrzila svoju vezu, uništavajući je
and each figure was giving re-birth to their relationship
a svaka je figura ponovno rađala svoj odnos
each figure was a will to die
svaka je figura bila volja za smrću
they were passionately painful confessions of transitoriness
bile su to strastveno bolne ispovijesti prolaznosti
and yet none of them died, each one only transformed
a ipak nitko od njih nije umro, svaki se samo preobrazio
they were always reborn and received more and more new faces
uvijek su se iznova rađali i dobivali sve nova lica
no time passed between the one face and the other
nije prošlo vrijeme između jednog i drugog lica
all of these figures and faces rested
sve su te figure i lica počivala
they flowed and generated themselves
tekli su i sami se stvarali
they floated along and merged with each other
lebdjeli su i stopili se jedni s drugima
and they were all constantly covered by something thin
a sve ih je neprestano pokrivalo nešto tanko
they had no individuality of their own
nisu imali vlastitu individualnost
but yet they were existing
ali ipak su postojale
they were like a thin glass or ice
bile su poput tankog stakla ili leda

they were like a transparent skin
bile su poput prozirne kože
they were like a shell or mould or mask of water
bili su poput školjke ili plijesni ili maske od vode
and this mask was smiling
a ova maska se smiješila
and this mask was Siddhartha's smiling face
a ova je maska bila Siddharthino nasmijano lice
the mask which Govinda was touching with his lips
maska koju je Govinda dodirivao usnama
And, Govinda saw it like this
I, Govinda je to vidio ovako
the smile of the mask
osmijeh maske
the smile of oneness above the flowing forms
osmijeh jedinstva iznad tekućih oblika
the smile of simultaneousness above the thousand births and deaths
osmijeh istovremenosti iznad tisuća rođenja i smrti
the smile of Siddhartha's was precisely the same
Siddhartin osmijeh bio je potpuno isti
Siddhartha's smile was the same as the quiet smile of Gotama, the Buddha
Siddhartin osmijeh bio je isti kao tihi osmijeh Gotame, Buddhe
it was delicate and impenetrable smile
bio je to nježan i neprobojan osmijeh
perhaps it was benevolent and mocking, and wise
možda je to bilo dobronamjerno i podrugljivo, a mudro
the thousand-fold smile of Gotama, the Buddha
tisućustruki osmijeh Gotame, Bude
as he had seen it himself with great respect a hundred times
kao što je to sam vidio s velikim poštovanjem sto puta
Like this, Govinda knew, the perfected ones are smiling
Ovako, znao je Govinda, oni savršeni se smiješe
he did not know anymore whether time existed
nije više znao da li vrijeme postoji

he did not know whether the vision had lasted a second or a hundred years
nije znao je li vizija trajala sekundu ili sto godina
he did not know whether a Siddhartha or a Gotama existed
nije znao postoji li Siddhartha ili Gotama
he did not know if a me or a you existed
nije znao postoji li ja ili ti
he felt in his as if he had been wounded by a divine arrow
osjećao se u svojoj kao da je ranjen božanskom strijelom
the arrow pierced his innermost self
strijela je probila njegovu nutrinu
the injury of the divine arrow tasted sweet
ozljeda božanske strijele bila je slatkog okusa
Govinda was enchanted and dissolved in his innermost self
Govinda je bio očaran i rastopljen u svojoj najdubljoj nutrini
he stood still for a little while
još je malo stajao
he bent over Siddhartha's quiet face, which he had just kissed
nagnuo se nad Siddharthino tiho lice, koje je upravo poljubio
the face in which he had just seen the scene of all manifestations
lice u kojem je upravo vidio prizor svih manifestacija
the face of all transformations and all existence
lice svih transformacija i cjelokupnog postojanja
the face he was looking at was unchanged
lice koje je gledao bilo je nepromijenjeno
under its surface, the depth of the thousand folds had closed up again
ispod njegove površine, dubina tisuću nabora ponovno se zatvorila
he smiled silently, quietly, and softly
smiješio se tiho, tiho i meko
perhaps he smiled very benevolently and mockingly
možda se nasmiješio vrlo dobroćudno i podrugljivo
precisely this was how the exalted one smiled

upravo tako se smješkao uzvišeni
Deeply, Govinda bowed to Siddhartha
Govinda se duboko naklonio Siddharthi
tears he knew nothing of ran down his old face
suze o kojima nije znao ništa tekle su niz njegovo staro lice
his tears burned like a fire of the most intimate love
njegove suze su gorjele kao vatra najintimnije ljubavi
he felt the humblest veneration in his heart
u srcu je osjećao najponiznije štovanje
Deeply, he bowed, touching the ground
Duboko se naklonio, dodirujući tlo
he bowed before him who was sitting motionlessly
poklonio se pred njim koji je nepomično sjedio
his smile reminded him of everything he had ever loved in his life
osmijeh ga je podsjetio na sve što je volio u životu
his smile reminded him of everything in his life that he found valuable and holy
njegov ga je osmijeh podsjetio na sve u njegovu životu što je smatrao vrijednim i svetim

www.ingramcontent.com/pod-product-compliance
Lightning Source LLC
Chambersburg PA
CBHW012003090526
44590CB00026B/3848